Heinrich Künkler

Zum Gedächtnis an David Friedrich Strauss

Heinrich Künkler

Zum Gedächtnis an David Friedrich Strauss

ISBN/EAN: 9783743334175

Hergestellt in Europa, USA, Kanada, Australien, Japan

Cover: Foto ©ninafisch / pixelio.de

Manufactured and distributed by brebook publishing software
(www.brebook.com)

Heinrich Künkler

Zum Gedächtnis an David Friedrich Strauss

Inhalt.

Vorwort.

Infolge der Veröffentlichung der Briefe von David Friedrich Strauß durch Eduard Zeller vor etwas über zwei Jahren (Ausgewählte Briefe von David Friedrich Strauß. Herausgegeben und erläutert von Eduard Zeller. Bonn, Verlag von Emil Strauß, 1895) ist das Interesse für die Persönlichkeit des berühmten schwäbischen Gelehrten von neuem rege geworden. Zahlreiche durchweg anerkennende Besprechungen des herrlichen Buchs liefern den Beweis hierfür, und wie nachhaltig die Wirkung jener Veröffentlichung ist, geht daraus hervor, daß solche Anzeigen nicht blos unmittelbar nach dem Erscheinen erfolgten, sondern bis in die neueste Zeit fortdauern. Die letzte mir zu Gesicht gekommene von Moritz Mandl in Wien befindet sich in dem Feuilleton der „Frankfurter Zeitung" vom 16. Juli 1897; von früheren sind mir bekannt geworden diejenige von Rudolf Krauß in der Beilage zur „Allgemeinen Zeitung" vom 3. Dezember 1895 und von G. Egelhaaf im Märzheft der „Deutschen Rundschau" für 1896, sowie ein Aufsatz von einem nicht genannten Verfasser in den „Münchener Neuesten Nachrichten" vom 28. und 29. Oktober 1896 mit den Straußischen Versen aus dem Jahre 1868 als Motto:

> Mögen die Weisen, die zünftigen,
> Mir einen Platz versagen,
> Zählt man mich zu den Vernünftigen,
> Will ich mich nicht beklagen;
> Und ich denke, die Künftigen
> Werden nach mir noch fragen.

Eine der ersten war ohne Zweifel die ausführliche Besprechung von Theobald Ziegler in Nr. 16 und 17 des 13. Jahrgangs der Wochenschrift „Die Nation" vom 18. und 25. Januar 1896, die einzige, die ich kannte, als auch ich mich entschloß, gewissermaßen als Ergänzung derselben eine Anzeige zu schreiben, die alsdann im Maiheft der „Preußischen Jahrbücher" von 1896 erschien.

So sehr ich mit Ziegler in Allem, was er über Strauß sagt, übereinstimmte, so erschien mir seine Beurteilung doch nicht ausreichend, und der sofort erkennbare Grund hiervon lag in dem Umstand, daß Ziegler, wie er selbst erwähnt, zu Strauß erst in dessen letzten Lebensjahren in nähere Beziehung getreten war. Hier konnte ich, der ich Strauß während der letzten zwanzig Jahre seines Lebens nahe gestanden hatte, ergänzend eintreten.

Im Herbst 1854, nachdem Strauß von Köln nach Heidelberg übergesiedelt war, lernte ich den trefflichen Mann kennen und war seitdem regelmäßig mit ihm zusammen, so oft ich nach Heidelberg kam, was, da ich zu jener Zeit in der Nähe weilte, wöchentlich ein- bis zweimal der Fall war. Die drei ersten Monate des Jahres 1857 brachte ich ganz in Heidelberg zu, und während dieser Zeit verkehrte ich vielfach mit Strauß, machte namentlich kleine und größere Spaziergänge mit ihm, die er so sehr liebte. Im Sommer desselben Jahres war Strauß mit dem Geheimen Obermedizinalrat Pfeufer aus München einige Tage in Wiesbaden, wo ich damals wohnte, und hier verbrachten wir vergnügte Stunden miteinander; Strauß hatte eben seinen Hutten vollendet und Mommsen's Römische Geschichte gelesen, über die er mir ein charakteristisches Urteil abgab: wörtlich das nämliche, welches wir jetzt in den „Ausgewählten Briefen" finden (Brief Nr. 351 vom 27. Juli 1857 an Zeller, S. 369 f. und Brief Nr. 423 an Rapp vom 8. September 1861, S. 434).

Seit Frühjahr 1859 in Biebrich ansässig, hatte ich fast alle Jahre, bald auf kürzere, bald auf längere Zeit, Straußens Besuch zu erwarten; im Sommer 1865 mietete er sich daselbst mit seiner Tochter auf vier Wochen in einer schön gelegenen Privatwohnung ein. Strauß erfreute sich in den heißen Sommertagen jenes Jahres an dem Aufenthalt in dem herrlichen Schloßpark und an den Rheinbädern, sowie in dem nahen Wiesbaden, wohin er am liebsten durch die prächtige Kastanienallee zu Fuß ging, an recht guten Opernaufführungen (vgl. Straußens Brief aus Biebrich, 5. August 1865, an Julius Meyer, Nr. 469 S. 474 der Briefsammlung).

Es bedarf keines Wortes darüber, daß der Verkehr mit Strauß zu den schönsten Erinnerungen meines Lebens gehört. Der Zauber seiner Persönlichkeit hatte mich sofort beim ersten Zusammensein erfaßt. Ich hatte kurz vorher das Studium seiner Schriften, zuletzt der Dogmatik, vollendet, ohne indessen in dieser vollständig gefunden zu haben, was ich suchte. Wie bedauerte ich, als ich vernahm, daß man damals mit Strauß über theologische, religiöse und philosophische Fragen nicht sprechen durfte! Dagegen konnte man jedes andere Gebiet berühren, und die Unterhaltungen mit ihm waren ebenso lehrreich, wie es jetzt seine Briefe für uns sind; seine Lieblingsthemata waren Literatur und Musik.

Ich glaube annehmen zu dürfen, daß auch Strauß gern mit mir verkehrte — sonst hätte er mich gewiß nicht aufgesucht. Auch weiß ich sicher (denn es ward mir von zuverlässiger Seite mitgeteilt), daß ihm meine Art, auf ihn einzugehen, von Anfang an sympathisch war, und so war es natürlich, daß sich bei meiner großen Verehrung für Strauß mit der Zeit zwischen ihm und dem 22 Jahre Jüngeren ein inniges Verhältnis bildete, welches ich meinerseits stets als ein Pietätsverhältnis ansah.

Und ebenso, wie ich, dachte, wie ich hier zu erwähnen nicht unterlassen will, mein unvergeßlicher, allzu früh verstorbener Freund Dr. Friedrich Burkart, der Strauß etwa ein Jahr später kennen lernte, als ich, und an dessen frischem Wesen dieser seine besondere Freude hatte. Burkart's höchster Wunsch war, wie er öfter aussprach, Strauß, dem vereinsamten, einmal eine Freude zu bereiten. Und dieser Wunsch ging frühzeitig in Erfüllung. Seit unseren Universitätsjahren waren wir gewohnt, den Geburtstag Mozarts mit einer kleinen Feier zu begehen, und da, wie wir durch einen Zufall erfuhren, Straußens Geburtstag mit diesem zusammenfiel, so hatten wir um so mehr Anlaß, den warmen Verehrer Mozart's am 27. Januar des Jahres 1857 in Heidelberg in unsere Wohnung einzuladen, die Straußens Wohnung an Komfort zum mindesten nicht voranstand — diese, in der Plöck- straße gelegen, war sehr primitiv, und in der Plöck herrschte zu jener Zeit noch das Grundelement der Landwirtschaft in bedenklicher Weise vor —, und erfreuten ihn durch den Vortrag Mozart'scher Sonaten (be- sonders der großen vierhändigen in C-dur, die er sehr liebte), Arien, Duette und Terzette, vornehmlich aus der Zauberflöte. Strauß war glücklich. Bei dieser Gelegenheit machte er die Bemerkung, daß das Andante oder Adagio doch immer das Herz der Sonaten, Quartette und Symphonien von Haydn, Mozart und Beethoven sei, welches auch richtig in der Mitte liege.

Und diese kleinen musikalischen Aufführungen wiederholten sich damals und später in unserem Kreise, und Burkart ersetzte Strauß in musikalischer Hinsicht gewissermaßen den um jene Zeit (im Februar 1856) verstorbenen Kauffmann. Für Strauß war das Anhören einer guten Musik in Freundeskreisen das größte Labsal und die liebste und beste Erholung, sowie auch das sicherste Mittel, trübe Gedanken zu verscheuchen und den übeln in einen heiteren Humor umzuwandeln.

Wie gern seine Freunde hierzu beitrugen, dafür habe ich zahl- reiche Beispiele in Erinnerung. In dem bereits erwähnten Sommer 1865, als Strauß längere Zeit in Biebrich zubrachte, kam Berthold Auer- bach von Bingen herüber, und ich lernte in ihm einen echten Gemüts- menschen kennen, der mit der ganzen Wärme seines Herzens an Strauß hing und diesem alles Freundliche, was in seiner Macht lag, zu bieten bestrebt war. „Aber er hat doch Freunde," sagte er einmal leise zu mir bei einem gemeinſamen Mittageſſen mit Strauß und deſſen Tochter in einer einfachen Wirtſchaft, indem er mir unter dem Tiſche die Hand drückte. —

Dem Andenken an Strauß gab ich zum erſtenmal Ausdruck in einem Aufſatz über das „Poetiſche Gedenkbuch", welches mir ſeine Tochter, Frau Geh. Oberbergrat Heusler in Bonn, ſofort nach dem Er-ſcheinen überſandt hatte. Meine Kundgebung war ein Akt der Pietät: es war mir ein Herzensbedürfnis, mich über die Gedichte auszuſprechen, die ſo Vieles enthielten, was ich gemeinſam mit Strauß erlebt und empfunden, und meinen Dank für die vielen ſchönen Stunden, die ich mit ihm verbracht hatte, durch ein δόσις ὀλίγη τε φίλη τε (d. i. wenig, aber von Herzen!) ſowohl der Geberin, als den Manen des Verewigten zu bethätigen. Man hat dieſe Geſinnung an dem warmen Ton der Anzeige erkannt, und es hat mir große Freude be-reitet, daß Viele, auch wenn ſie Strauß bei Lebzeiten nicht kannten, bei dem Leſen meines Aufſatzes über ihn ebenſo empfunden und gedacht haben, wie ich, und die herzliche Verehrung für dieſen großen und guten Mann mit mir teilen.

Wenn ich mich jetzt entſchloſſen habe, dieſen Aufſatz nebſt einigen anderen aus früherer Zeit wieder zum Abdruck zu bringen, ſo beſtimmte mich hierzu in erſter Linie die Erwägung, daß es wünſchenswert ſei, dazu beizutragen, daß die Kenntnis von Straußens innerſtem Weſen in weiteren Kreiſen ausgebreitet und das in erfreulicher Weiſe erwachte Intereſſe für ſeine Perſönlichkeit noch mehr belebt werde.

Die vier erſten Aufſätze erſchienen vor etwa zwanzig Jahren im „Frankfurter Muſeum", welches ſich nicht einer beſonders großen Ver-breitung erfreute; ihr Inhalt iſt aber, wie ich ohne Ueberhebung be-haupten darf, ſo wenig veraltet, wie überhaupt etwas, was auf Strauß Bezug hat. Strauß iſt nicht tot — non omnis moriar, durfte er von ſich ſagen, er lebt fort in ſeinen Schriften und deren Einwirkung auf die Nachwelt, und daß dieſe Einwirkung noch lange nicht erſchöpft, ſondern ſogar noch im Wachſen iſt, hat ſchon Friedrich Kreyſſig in ſeiner Beurteilung der Geſammelten Werke („Deutſche Rundſchau" 1877, Band 11, Seite 335 ff.) ausgeſprochen. Was uns fehlt und was erſt die Zukunft bringen kann und wird, iſt eine ausführliche, ſeinem ganzen Weſen adäquate Biographie; Theobald Ziegler ſpricht von der Abſicht, eine ſolche zu ſchreiben. Einen kleinen Beitrag hierfür zu liefern, iſt mir ein weiterer Grund für den Wiederabdruck meiner Aufſätze, deren Inhalt einem Biographen von Strauß immerhin einiges vorbereitende Material darbieten mag.

Es wäre ein Leichtes geweſen, an den Aufſätzen einige vielleicht wünſchenswerthe Änderungen vorzunehmen; ſo ſprach z. B. manches dafür, die beiden erſten in einen einzigen zu verſchmelzen; andererſeits empfahl es sich, diese Kundgebungen in ihrer ursprünglichen Gestalt zu belassen, weil durch jede bedeutendere Änderung die Unmittelbarkeit der Empfindung, wie sie sich in der ersten Niederschrift aussprach, beeinträchtigt worden wäre. Ich habe mich deshalb auf einige Zusätze beschränkt und hier und da Anmerkungen beigefügt; man wird leicht erkennen, ob die Anmerkung eine alte oder neue ist, wofern dies überhaupt in Betracht kommt. Sehr erwünscht war es mir, daß ich bei dieser Gelegenheit die massenhaften Druckfehler ausmerzen konnte, die namentlich den ersten und dritten Aufsatz entstellten und an mehreren Stellen den Sinn völlig unverständlich machten.

Dem ersten Aufsatz habe ich den ursprünglichen Anfang beigefügt, den ich bei seinem ersten Erscheinen weglassen mußte, weil sich infolge zufälliger Umstände der Druck von Beginn des Jahres 1877 bis gegen die Mitte desselben verzögert hatte.

Der fünfte und letzte Aufsatz stand, wie ich bereits erwähnt habe, im Maiheft der Preußischen Jahrbücher von 1896.

Die fünf Aufsätze dürften in Ton und Inhalt zu einander passen, obgleich die vier ersten neunzehn bis einundzwanzig Jahre alt sind und der fünfte noch nicht zwei Jahre.

Die Selbständigkeit meines Urteils, auch Strauß gegenüber, glaube ich mir überall gewahrt zu haben. So ganz besonders in dem letzten Aufsatz und in dem Aufsatz über Hausrath, wofür schon meine Bemerkung über die Wertschätzung der Straußischen „Friedlichen Blätter" einen Beweis liefert; Straußens S c h r a n k e habe ich nicht nur nicht verkannt, sondern mehrmals auf sie hingewiesen.

Der Aufsatz über den zweiten Band von Hausrath's Strauß-Biographie entstand aus dem Bedürfnis, welches ich aufs Lebhafteste empfand, Protest zu erheben gegen ein solches Zerrbild von Straußens letzten Lebensjahren. Es hat mir zu nicht geringer Befriedigung gereicht, daß das, was ich über oder vielmehr gegen Hausrath's Darstellung gesagt habe, durch die Veröffentlichung der Straußischen Briefe seine volle Bestätigung gefunden hat: nicht eine Zeile enthält mein Aufsatz, die nicht mit den Briefen übereinstimmte. Nicht als ob ich meiner Sache nicht gewiß gewesen wäre — ich kannte Strauß zu gut, als daß ich in meinem Urteil hätte fehlgreifen können —, allein vom Publikum konnte ich nicht verlangen, daß es sich mit voller Sicherheit darüber entscheide, ob Hausrath's Darstellung so ganz und gar verfehlt sei; jetzt bleibt für Niemanden, der nur einen Blick in Straußens Briefe aus dem Jahre 1873 wirft, ein Zweifel mehr übrig.

Nachdem der Aufsatz gedruckt war, kamen mir drei Besprechungen des Hausrath'schen Buches zu Gesicht, die meiner Auffassung in nichts widersprachen und in Einzelheiten sogar wörtlich mit mir übereinstimmten: in der Wochenschrift „Die Gegenwart" Nr. 23 vom

8. Juni 1878 von S. Hammerschlag, in der „Nationalzeitung" vom 16. Juni 1878 von Julian Schmidt und in „Westermann's Monatsheften" vom August 1878 von einem nicht genannten Verfasser. In der „Gegenwart" stand der Satz: „Strauß war ein Mann, der nie zur Feder greifen konnte, wenn der Drang zum Schreiben nicht von innen kam." Julian Schmidt begann seine Besprechung mit dem Satz: „Das Buch hinterläßt einen sehr gemischten Eindruck", und befaßte sich nachher mehr mit Strauß, als mit dem, was Hausrath über diesen geschrieben hatte, und die Anzeige in „Westermann's Monatsheften" schloß mit dem Satze: „Vielleicht hat der Kampf der Heidelberger Theologen mit Strauß Hausraths Auge getrübt".

Der letzte Aufsatz dieser Sammlung ist der einzige, dem ich, mehrfach ausgesprochenen Wünschen nachkommend, eine größere Erweiterung habe angedeihen lassen. Ich hoffe, daß er auch in dieser neuen Gestalt Zustimmung finden und unserem Strauß neue Freunde gewinnen wird, denn dies war sein Hauptzweck von vornherein. Die Urteile über den Aufsatz, soweit mir solche bekannt wurden, lauteten recht anerkennend, eines derselben sprach sogar von der „mikroskopischen Schärfe der Untersuchung"; der Herausgeber der „Preußischen Jahrbücher", Herr Professor Delbrück, hatte mir bereits bei der Einsendung geschrieben, er werde meine Anzeige mit Vergnügen aufnehmen und er denke, daß sie viele Leser sehr interessieren werde. Einen schwachen Punkt fand ein alter Universitätsfreund, den ich um eine strenge Kritik gebeten hatte. Ich mußte ihm formell Recht geben, vermochte mich jedoch nicht zu entschließen, eine sachliche Änderung vorzunehmen, obwohl eine solche sehr leicht gewesen wäre: ich hatte meine besonderen Gründe hierfür, und es mag Anderen, wenn sie ihr Interesse an meiner Schrift soweit ausdehnen wollen, überlassen bleiben, gleichfalls den „schwachen Punkt" ausfindig zu machen.

Nach dieser Ausstellung gereichte es mir zu um so größerer Genugthuung, daß derselbe Beurteiler sich vollkommen einverstanden erklärte mit dem, was ich über die Veröffentlichung der Briefe, die über Straußens eheliches Verhältnis handeln, gesagt habe; insbesondere stimmte er mir darin bei, daß der Brief Nr. 174 vom 16. August 1846 an Vischer nur dann mitgeteilt werden durfte, wenn er seine Erläuterung und sein Verständnis durch weitere Mitteilungen erhielt, sei es durch Briefe oder durch Anmerkungen: entweder mehr oder weniger, ausführlicher oder sparsamer! Hierzu will ich, um etwaige Mißverständnisse auszuschließen, nochmals bemerken: Nicht daß über Straußens Ehe überhaupt zu wenig mitgeteilt wird, habe ich behauptet (am allerwenigsten empfand ich das Bedürfnis, etwas Neues zu erfahren), sondern daß die Leser aus den mitgeteilten Briefen keineswegs, wie Zeller meint, ersehen können, „wie sich die frohen Hoffnungen nur teilweise erfüllen und der Verfasser der Briefe trotz manchen Lichtblicken in seiner Ehe das erwartete Glück nicht gefunden hat", und daß sie infolge der lückenhaften Mitteilungen, wie ich nachgewiesen zu haben glaube, kein treues Bild von Straußens ehelichem Leben und ein allzu ungünstiges von ihm selbst erhalten, und ich darf mir wohl das Zeugnis geben, daß ich mich bemüht habe, über diese delikate Angelegenheit nach allen Seiten rücksichtsvoll und gerecht zu urteilen. —

Schließlich erlaube ich mir hier zur Bekundung der persönlichen Beziehungen, in denen ich zu Strauß stand, ein paar Stellen aus seinem Briefe aus Darmstadt vom 7. August 1866 mitzuteilen. Es heißt in demselben: „Diese ganze Zeit her verlangte es mich, von den Freunden in Biebrich etwas zu hören, noch mehr, mich mit Ihnen über die großen Ereignisse der Zeit auszusprechen; auch wartete ich nur auf die Wiedereröffnung des Verkehrs, um Ihnen eine Zusammenkunft in Mainz in Vorschlag zu bringen." — — „Daß wir in politicis zusammenstimmen, habe ich immer vorausgesetzt und finde es mit Vergnügen durch Ihr Schreiben bestätigt; meine desfallsigen Herzensergießungen in der „Kölner Zeitung" habe ich nicht alle zur Hand; die lustigste ist jedenfalls die in Nr. 167, welche auch von der „Allgemeinen Zeitung" einer bitteren Bestreitung gewürdigt worden ist."

Unser erstes Wiedersehen nach den weltgeschichtlichen Ereignissen des Sommers 1866 ist mir in lebhafter Erinnerung geblieben; als teures Andenken daran bewahre ich das Exemplar der zweiten Auflage des Vortrags über Lessing's Nathan, welches mir Strauß als das Neueste, was von ihm im Druck erschienen war, überreichte.

Wiesbaden, im Dezember 1897.

Der Verfasser.

I.

Zur Erinnerung an David Friedrich Strauß.

Poetisches Gedenkbuch von David Friedrich Strauß.
Gedichte aus seinem Nachlasse für die Freunde ausgewählt und
als Manuskript ausgegeben von dem Sohne. 1876.

Mit Beginn des Jahres, welches allem Anschein nach schwerlich
ein Jahr des Friedens bleiben, vielmehr eher den vielgeschmähten Aus=
spruch, daß wir in einem Zeitalter der Kriege leben, bestätigen dürfte,
möge es uns vergönnt sein, die Aufmerksamkeit auf eine eminent fried=
liche Erscheinung zu richten, wahrhaft friedliche Blätter aus dem Leben
eines Mannes, welches doch, wie kaum eines anderen, ein Leben
voll Kampf gewesen ist. Wir meinen das poetische Gedenkbuch von
David Friedrich Strauß, welches, von dessen Sohne einstweilen nur
für die Freunde des Verewigten als Manuskript herausgegeben, bei der
großen Zahl derselben ohne Zweifel eine weite Verbreitung finden wird und
eine Besprechung vor einem größeren Leserkreis, nachdem bereits früher
einige der in dem Gedenkbuch mitgeteilten Gedichte veröffentlicht
worden, sowohl statthaft, wie in hohem Grade wünschenswert
erscheinen läßt. Das poetische Gedenkbuch ist besonders geeignet, uns
Strauß als Menschen näher zu bringen. Vieles ist über Strauß ge=
schrieben und darunter recht gutes; aber nur wer ihn persönlich gekannt
hat, vermag zu wissen, was er war. Wer Strauß nur aus seinen
Schriften kennt, hat kein vollständiges Bild von ihm, kennt ihn
höchstens halb; man muß in persönlichem Verkehr mit ihm gestanden
haben, um den ganzen Menschen in ihm kennen und lieben zu lernen.
Wenn es nicht zu leugnen ist, daß manche Stellen in seinen
Werken und nicht bloß in denjenigen aus seinen letzten Lebensjahren,
sondern schon in früheren, eine nicht durchaus gebotene Schärfe
enthalten, und man geneigt sein sollte, sich hiernach ein Bild
von der Persönlichkeit des scharfen Kritikers, des „bloßen Verstandes=
menschen", wie er oft genannt wurde, zu machen, so wäre dies der

Künßler, D. F. Strauß.   1 größte Irrtum, in den man verfallen könnte. Nicht, als ob sich der große Kritiker — der sich vielmehr schon in seinem Äußeren, in dem feinen und scharfen Schnitt seines Gesichts und dem klaren, durchdringenden Blick verriet — im persönlichen Umgang jemals verleugnet hätte; aber die ihm eigene allseitig gerechte Erwägung aller in Betracht kommenden Gesichtspunkte und bei dem Beurteilen von Persönlichkeiten und Leistungen die Scheu vor der Möglichkeit, Jemandem unrecht zu thun, erzeugten gerade im Verein mit seiner kritischen Schärfe jene eigentümliche gerechte Milde des Urteils, welche, fern von aller Schroffheit, alle näheren Freunde des Mannes mit Bewunderung erfüllte und nicht am wenigsten dazu beitrug, Strauß im persönlichen Verkehr so liebenswürdig zu machen. Am meisten war er dies in kleinerem Kreise,*) während ihn in größeren Gesellschaften seine schwäbische Befangenheit selten ganz verließ. Hier trat denn auch seine eigentümliche Reizbarkeit weit weniger hervor, weil in der Regel kein Anlaß vorhanden war, sie zu erregen, während diese z. B. beim Begegnen mit ihm unsympathischen Persönlichkeiten (von denen er wohl kaum weniger, als weiland Altmeister Goethe, überlaufen wurde) in so hohem Grade zum Vorschein kommen konnte, daß er stundenlang für seine Umgebung nicht genießbar war. Strauß kannte sich in dieser wie in jeder anderen Hinsicht vollkommen genau und wußte es seinen Freunden Dank, wenn sie bei solcher Stimmung ihm gegenüber den richtigen Ton zu finden verstanden. Dann aber ging ihm erst recht das Herz auf und er schüttete es seinen Freunden gern aus. Unvergeßlich sind diesen die Stunden, welche sie mit ihm verlebten auf kleineren und größeren Spaziergängen — die er bis zum Jahr vor seinem Tode mit großer Rüstigkeit machte —, im Theater und in Konzerten oder bei einem Glase Rheinwein, den er, wie alles Gute und Edle, zu schätzen wußte.**) Hier am Rhein, wohin Strauß alljährlich, bald zu kürzerem, bald zu längerem Aufenthalt zu kommen pflegte, wurden dann an unvergeßlichen Sommerabenden zum Teil Unterredungen geführt, denen Strauß hernach in seinen politischen und unpolitischen Gesprächen künstlerische Gestaltung gab, u. a. der vielfach besprochene Dialog über die Todesstrafe, in welchem sich der Schreiber dieser Zeilen

---

*) Vergl. die Stelle in dem „Gasel" Seite 178 des Gedenkbuchs (Band 12 der Gesammelten Schriften Seite 159):

„Ein Gläschen Wein, ein traulich Wort mit einem Freunde tausch' ich gern;
Den großen Cirkeln hat mich fern der Lärm und der Tabak gehalten."

**) Vergl. das soeben angeführte Gasel S. 178 und außerdem in dem an Rapp gerichteten Gedicht „Altwerden" (S. 125, Band 12 der Ges. Schr. S. 132) den Refrain:

„Du alterst, Freund, ich laß es gelten,
Doch alterst du wie edler Wein."

zuerst widerwillig, zuletzt aber gern von dem überlegenen und erfahrenen Denker bekehren ließ.

Jene oben erwähnte „gerechte Milde" des Urteils kann übrigens auch denjenigen nicht unbekannt geblieben sein, welche Strauß blos aus seinen Schriften kennen, insofern sie diese unbefangen ohne Vorurteil lesen. Gerade in seinen „Streitschriften", die doch wahrlich an Schärfe nichts zu wünschen lassen, tritt dies nach unserem Dafürhalten vielleicht am meisten, jedenfalls am bezeichnendsten hervor. Auch ist es ja allgemein anerkannt, daß eine solche Vollkommenheit s a c h l i c h e r Kritik, wie in Strauß' Streitschriften, fast ohne Beispiel ist, sodaß der Ausspruch eines jüngeren Gelehrten, welcher gleichfalls Streitschriften geschrieben, „Strauß sei in seinen Streitschriften z u gerecht", nicht unzutreffend zu nennen ist. Das Thema ließe sich weiter verfolgen und u. a. durch die Art und Weise, wie Strauß über Frischlin und Voltaire urteilt, des nähern nachweisen, wenn dies hier nicht zu weit führen würde.

Wie nun das für seine Freunde ausgewählte und als Manuskript herausgegebene poetische Gedenkbuch diesen die willkommenste Gabe sein mußte, so dürfte diese Auswahl aus seinem dichterischen Nachlasse denjenigen, welche Strauß nicht persönlich gekannt haben, einigermaßen einen Ersatz bieten, um ein Bild von ihm als Menschen zu erhalten, und es erscheint deshalb der Wunsch gerechtfertigt, daß das Buch, vielleicht hier und da noch um einige Zusätze vermehrt, in Bälde durch den Buchhandel allgemein zugänglich gemacht werde, um so mehr, als der Kreis von Strauß' Verehrern sicherlich ein weiterer ist, als mancher denken mag. Es wird aber schon jetzt gestattet sein, die Aufmerksamkeit eines größeren Leserkreises auf diese bisher zum größten Teil unbekannten Schätze zu lenken. Ja, selbst abgesehen von Straußens Persönlichkeit und Geistesrichtung muß das Büchlein einen ganz besonderen Wert für alle die Gebildeten haben, welche bei poetischer Lektüre auch eine spezifisch geistige, zum Denken auffordernde Anregung verlangen. Für sie wird namentlich die edle, gebildete Sprache, welche stets für den Gedanken das zutreffende und schlagende Wort findet, sowie der im besten Sinn vornehme Ton des Ausdrucks in hohem Maße anziehend sein.

Die Gedichte sind in angemessener Weise mit Rücksicht auf den biographischen Zweck nach der Zeit ihrer Entstehung geordnet: wie könnte uns auch Strauß als Mensch auf andere Weise näher gebracht werden, als wenn wir Jahr für Jahr die Klänge aus seinem Innersten vernehmen? Da ist es nun ganz besonders interessant, zunächst die Familienbeziehungen von Strauß zu verfolgen. Wir erinnern uns sehr genau eines Ausspruchs von ihm, wie sein innigstes Verhältnis in aufsteigender und absteigender Linie dasjenige zu seiner Mutter und seiner Tochter gewesen sei. Zur Erinnerung an erstere findet sich nur ein einziges, aufs Tiefste empfundenes Gedicht (S. 17, Bd. 12 der Ges. Schr. S. 19) (1)*), welches zu der bekannten Ansprache an seine Tochter zu deren Konfirmation (in den „Kleinen Schriften"), die dem Andenken an seine Mutter gewidmet ist, einen schönen Nachklang bildet. Um so reicher ist seine Tochter bedacht, von dem Gedicht an (abgesehen von Kinderklängen), welches er ihr zum zwanzigsten Geburtstag nach Köln sendet (S. 138, Band 12 der Ges. Schr. S. 147), bis zu den letzten auf's Innigste und Tiefste empfundenen (s. besonders die beiden letzten S. 242 ff., Band 12 der Ges. Schr. S. 224 ff) (2) aus seinem Krankenzimmer, wo ihn der Gedanke an seine geliebte Tochter so wenig, wie diese ihn selbst, verließ. Seinem Sohne ist außer einigen die Kindheit betreffenden Gedichten, wie S. 20, 38, 41 (Band 12 der Ges. Schr. S. 31, 45, 48) nur e i n Gedicht gewidmet (S. 204, Band 12 der Ges. Schr. S. 186), aber dieses ist sehr bedeutsam, so in der Stelle:

> „Hab ich doch indeß gewonnen
> Einen Freund mir in dem Sohn." (3)

Bekannt ist Straußens unglückliches Verhältnis zu seiner Gattin. Wie tief er hiervon betroffen war, wußten seine Freunde schon aus dem Umstande zu entnehmen, daß er jenes Verhältnis außerordentlich selten berührte. Das Gedenkbuch liefert uns gerade hierfür manches wertvolle Neue (vergl. S. 18, 30, 35, 36, 41, 43, 47, 52, 54, 55, 73, Band 12 der Ges. Schr. S. 20, 30, 42, 43, 48, 50, 54, 59, 63, 64, 83 und andere). Wir wollen hier nur ein im Jahre 1848, also bald nach der Trennung von seiner Gattin entstandenes Gedicht anführen, welches uns tief in Strauß' Inneres blicken läßt:

Im Konzert (S. 54, Bd. 12 der Ges. Schr. S. 63.)

> Da sitz' ich auf der Gallerie,
> Wie es dem Grame ziemt, im Dunkeln;
> Im Saale drunten sitzet sie,
> Wo viele hundert Kerzen funkeln.
>
> Die Töne flattern durch den Saal,
> Wie Bögelchen in Lust und Scherzen:
> Ich denk' an Dich, Du meine Qual,
> Du denkst an mich, ich spür's im Herzen.
>
> Wir lauschen gleicher Harmonie
> Mit gleichgestimmten, reinen Sinnen:
> Ach, konnten denn die Herzen nie
> Den gleichen Schlag und Ton gewinnen?
>
> Doch tief und tiefer sinket schon
> Der Geist in träumendes Erinnern,
> Vernimmt statt Horn- und Flötenton
> Nur noch das Schmerzenslied im Innern.

---

*) Siehe die am Schlusse dieses Aufsatzes folgenden Anmerkungen.

> Die Töne schweigen, und zu Zwei'n
> Verlassen Glückliche die Schwelle:
> Ich geh' allein, sie geht allein,
> Ein jedes nach der öden Zelle.

An die Familienbeziehungen reihen sich zunächst — wenn wir denn einmal den Versuch machen, die hinterlassenen Gedichte nach sachlichen Gesichtspunkten einzuteilen — die Beziehungen zu seinen Freunden. Wie tief Strauß das Wesen der Freundschaft auffaßte und wie viel ihm Freundschaft werth, wie sehr er von der Treue und Anhänglichkeit seiner Freunde überzeugt war, ist vielleicht aus nichts mehr ersichtlich, als aus der „Grabschrift" (S. 30, Band 12 der Ges. Schr. S. 30), in der es heißt:

> „Er konnte glücklich sein; o hätt' er nie
> An eignen Herd, an Weib und Haus gedacht!
> Doch hatt' er Freunde, und von ihnen wird,
> So lang sie leben, auch des Strauß gedacht."

Wie Recht Strauß damit hatte, wird jeder seiner Freunde beim Lesen dieser Verse bestätigen, und auch unsere anspruchs- lose, nach keiner Seite erschöpfend sein wollende Kundgebung mag als ein Beweis hierfür gelten.

Dem Heilbronner Freundeskreise ist das Gedicht: „Zum Abschied" aus dem Jahre 1848 (S. 39, Band 12 der Ges. Schr. S. 46) (4) gewidmet, in welchem der dortige gesellige Ton so recht deutlich wieder- klingt, der sich später noch einmal wiederholte, als sich Strauß zu Anfang der sechziger Jahre in Heilbronn mit seinen Kindern häuslich eingerichtet hatte.

Einem Heilbronner, lange vor ihm heimgegangenen Freunde und Studiengenossen, Christian Märklin, sind die ergreifenden Strophen „Aus dem Grabe" (S. 76, Band 12 der Ges. Schr. S. 86) (5) in den Mund gelegt; es ist derselbe, dem Strauß in seinem „Lebens- und Charakterbild aus der Gegenwart" ein so schönes Denkmal gesetzt hat, und dessen in dieser Biographie ausführlich besprochene Gedanken über die Freundschaft ohne Zweifel Straußens eigene gewesen sind.

Die meisten Ansprachen sind an seinen Freund Rapp gerichtet: S. 125, 127, 203, 210, 211, 234 (Band 12 der Ges. Schr. S. 132, 134, 185, 193, 194, 216), die vier letzten aus dem Krank- heitsjahre 1873. Schon in der aus dem Jahre 1858 stammenden „Ode" (S. 127, Band 12 der Ges. Schr. S. 134) spricht sich jene milde Wehmut, jene wohlthuende Resignation aus, für die Strauß in dem von ihm aufs Meisterhafteste behandelten und mit Vorliebe angewandten (vergl. u. a. S. 24, Band 12 der Ges. Schr. S. 24), asklepiadischen Versmaß die angemessene Form gefunden hat. Wir geben hier die fünf ersten Strophen, zugleich als eine klassische Probe der mit seltenem Geschick gehandhabten Sprache:

> „Ungleich wog uns ein Gott (aber ich murre nicht)
> Los und Schickungen: Mir wog er die Einsamkeit,
>   Wog mir, ferne der Heimat,
>   Müh'n und Sorgen ohn' Ende zu.
>
> Dir im friedlichen Thal, zwischen bewaldeten
> Hügeln, wo sich der Fluß stille durch Wiesen krümmt,
>   Unter Linden und Rosen
>   Gab der Gütige Hof und Haus.
>
> Und kein leeres: er gab drinnen die Gattin Dir,
> Die es ordnet und schmückt, gab Dir den blühenden
>   Kranz der lieblichen Kinder,
>   Deiner bleichenden Locken Zier.
>
> Als ein Hirte des Volks wandelst Du, oft begrüßt,
> Durch die Gassen des Dorfs, wandelst Du durch die Flur
>   Und von lustiger Höhe
>   Ueberschaust Du Dein Königreich.
>
> Freu' Dich lange des Glücks, das Dir ein Gott beschied,
> Ich, so gut ich's vermag, stehe dem Mißgeschick;
>   Bis von beiden die Menschen
>   Sagen werden: Sie waren einst.“

Sehr bezeichnend und von besonderem Interesse ist das Gedicht an Kuno Fischer vom 27. Dezember 1856 (S. 123, Band 12 der Ges. Schr. S. 130) (6), als dieser nach dreijährigem Exil eine Professur in Jena erhielt. Wie dieses Gedicht, welches, wie viele, in vollendeter Form abgefaßt ist und, wie wenige, in der der Straußischen Prosa eigenen Art ein Bild konsequent durchführt, die Stimmung des jüngeren Freundes, der bis dahin Straußens Schicksalsgenosse war, aufs genaueste wiedergiebt, so ist es zugleich das deutlichste Zeugnis von der stark getrübten, resignierten Stimmung, in der sich Strauß gerade zu jener Zeit befand, die aber glücklicher= weise mit ihrer Höhe auch ihren Wendepunkt in Kürze erreicht hatte. Damals — man versetze sich in die Zeit um die Mitte der fünfziger Jahre, was uns zum Glück heutzutage nicht leicht fällt — waren die politischen Verhältnisse in Deutschland sowohl im Innern wie nach außen trostlos und entsprachen so recht der Gemütsstimmung von Strauß, der sich seit Jahren von seinem Berufsgebiet, der Theologie, so fern gehalten, daß niemand versuchen durfte, ein Gespräch über theologische Gegenstände mit ihm anzuknüpfen; auch in der Jämmer= lichkeit unserer politischen Verhältnisse konnte er nicht einen Schatten von Trost für den vielbeklagten Verlust einer praktischen Berufsthätig= keit finden, sondern wünschte, wie er in dem Gedicht an Kuno Fischer sagt, „nichts mehr, als zu schlafen nach langer Müh' und kurzem

Glück". Daß ihm die Kunst, in der er zu jener Zeit vielleicht mehr als je lebte, keinen ausreichenden Ersatz bot, beweist nur, daß er in Wirklichkeit von einer Überschätzung der Einwirkung derselben weiter entfernt war, als man nach seinem letzten Werke („Der alte und der neue Glaube") vielleicht annehmen möchte. Da geriet er, nachdem er dem Leben Frischlin's doch eigentlich mehr Kraft und Interesse als billig zugewandt hatte, im Verfolg weiterer zu biographischer Bearbeitung geeigneter Vorwürfe auf einen dankbareren Stoff, auf Ulrich von Hutten, und wie durch ein Wunder wurde Strauß wieder frisch, bekam neue Lebenslust und empfand wieder Interesse an der in den Vordergrund der Öffentlichkeit tretenden Politik, zugleich aber auch an der Theologie, in die er mit der Vorrede zu seiner Übersetzung von Hutten's Gesprächen im Jahr 1860 sozusagen mit gleichen Füßen wieder hineinsprang. Das alles verdankte er der Beschäftigung mit Ulrich von Hutten; denn, wie Strauß selbst zu uns sagte, „das müßte ein sonderbarer Mensch sein, der dadurch nicht wieder frisch und gesund würde".

Es ist zu bedauern, daß aus dieser Übergangszeit zu neuem Leben (1857—1860) nicht mehr Gedichte von Strauß mitgeteilt (wenn überhaupt solche vorhanden) sind. Dagegen findet sich aus dem Jahre 1859 ein politisches Gedicht, wenn dieser Ausdruck gestattet ist, welches Straußens politische Auffassung der deutschen Verhältnisse, wie er sie zeitlebens, auch in trüben Tagen, festhielt, in vollkommener Weise und zugleich doch nicht so, daß man das Gedicht ein „Tendenzgedicht" nennen könnte, wiedergibt: „Kaiser Josef im Sterben" (S. 133, Band 12 der Ges. Schr. S. 140), dem Platen'schen „Klagelied Otto's III." in Ton und Versmaß nachgebildet und — nebenbei gesagt — nicht minder als dieses geeignet, in eine Mustersammlung aufgenommen zu werden. (7) Von späteren Gedichten drücken seine politische Auffassung nach allgemeinen und speziellen Gesichtspunkten am deutlichsten aus: „Am Main", „Zur Konfirmation", „Im Walde" (S. 186, 190, 191, Band 12 der Ges. Schr. S. 167, 171, 172 (8).

Den höchsten Genuß und die reinste Erholung fand Strauß in der Kunst; nur darf man nicht meinen (wie wir bereits andeuteten), daß Strauß jemals dem Dogma der Romantiker verfallen wäre und in der Kunst das ἓν καὶ πᾶν erblickt hätte. Zur Zeit von Deutschlands Erniedrigung in den fünfziger Jahren schöpfte Strauß auch aus Haydn, Mozart und Beethoven, so wenig wie aus Goethe, einen Trost oder gar einen Ersatz. Aber ein Genuß freilich war es ihm stets, sich an einer klassischen Oper oder Symphonie zu laben, und wie es ihm, der im engeren Sinn nicht musikalisch war (er spielte kein Instrument und kannte kaum Noten und Tonarten), in intuitiver Weise möglich war, den Gehalt und Wert unserer musikalischen Meisterwerke zu erfaſſen, dafür liefert ganz beſonders der Kranz der „muſikaliſchen Sonette" einen ſprechenden Beweis.

Aus der zweiten Zugabe zu dem „alten und dem neuen Glauben" iſt zum erſtenmal allgemeiner bekannt geworden, wie ſehr Strauß in den klaſſiſchen Schöpfungen der deutſchen Muſik lebte, und welch' hohen Genuß ſie ihm boten. Seine Freunde wußten dies ſchon längſt, und die Erinnerung an ſolche gemeinſam mit ihm erlebte muſikaliſche Genüſſe möchte wohl keiner von ihnen entbehren. Die dem Mathematiker und Muſiker Kauffmann gewidmeten muſikaliſchen Sonette, welche in dem Gedenkbuch, jedoch nicht vollſtändig, mitgeteilt ſind, geben in ihrer Art ein ähnliches Bild, wie die erwähnte Zugabe zu dem „alten und dem neuen Glauben". Dieſe Sonette ſind nach Inhalt und Form ſo vortrefflich, daß es Jedem, der ſich an gediegener Muſik zu erfreuen vermag, aufs höchſte willkommen ſein muß, über unſere größten muſikaliſchen Kunſtwerke das Urteil eines der feinſinnigſten Kenner alles Schönen zu vernehmen und das, was alle Hörer ſo ſehr entzückt, in den zutreffendſten Worten, welche die Schwierigkeit der Aufgabe, dem muſikaliſchen Inhalt eine ſprachliche Faſſung zu geben, mit Leichtigkeit überwinden, gleichſam als poetiſches Analogon des Tonwerks ausgeſprochen zu ſehen.

Wenn unſerem Strauß von den Muſikern Mozart, wie von den Dichtern Goethe, der kongenialſte war, ſo gab es unter ſämtlichen Mozart'ſchen Schöpfungen keine, die er höher hielt, als die „Zauberflöte". Hier war der harmoniſche Ausdruck voller, reiner Humanität, wie er nach Abſtreifung der märchenhaften Hülle daſteht, zur Realität geworden, nicht mehr etwas durch heftige Kämpfe anzuſtrebendes, nicht mehr „ein Ziel, aufs innigſte zu wünſchen", ſondern etwas erreichtes, vorhandenes. Wer möchte Strauß hierin nicht recht geben? Wer ſtimmt ihm darin nicht bei, daß die Muſik der „Zauberflöte" in ihren Prieſterchören, den Arien Saraſtros, den Geſängen der Genien u. ſ. w. einen Eindruck macht, der in Wahrheit nur als derjenige von „Vorklängen von der Harmonie der Sphären" zu bezeichnen iſt, wie Strauß dies in ſeinem erſten Sonett über die „Zauberflöte" (S. 111, Band 12 der Geſ. Schr. S. 118) ausſpricht? (9) Otto Jahn vergleicht irgendwo inbezug auf die Reinheit der Geſinnung mit den Arien Saraſtros nur noch die Arie Floreſtans als eine Muſik, die alle und jede Sinnlichkeit abgeſtreift hat und doch Muſik im höchſten Sinne bleibt, man könnte noch das H-dur-Thema ($^6/_8$-Takt) im Finale des dritten Akts des „Freiſchütz" hinzufügen; von Inſtrumentalmuſik finden wir mehr ähnliches, z. B. das an den Prieſtermarſch in der „Zauberflöte" anklingende Adagio eines der bekannteſten Streichquartette von Haydn op. 76 Nr. 1, das Adagio in dem Beethoven'ſchen E-moll-Quartett op. 59 Nr. 2 und viele andere. „Eine Seligkeit, was ein einer guten Aufführung der „Zauberflöte", trägt man aus keiner anderen selbst der Mozart'schen Opern heim," sagt Strauß mit Recht im „alten und neuen Glauben", S. 357.

Interessant dürfte noch die Notiz sein, daß Strauß seinerzeit die bekannte Stelle aus Hegels Aesthetik über den Text der „Zauberflöte" in einem Stuttgarter Lokalblatt abdrucken ließ, womit er freilich der allgemeinen banalen Auffassung dieses Textes als eines durch und durch trivialen kaum Abbruch that.

Ich wüßte nichts, was mehr beweist, wie rein und tief Strauß empfand, als seine Verehrung für die „Zauberflöte".*)

Wie tief Strauß in das Wesen der musikalischen Schöpfungen eindrang, geht aus seinen Sonetten über Haydn'sche, Mozart'sche und Beethoven'sche Symphonien hervor, wo doch der dem Laien sonst unentbehrliche Leitfaden des Wortes fehlt. Wir nennen hier der Kürze halber blos das Sonett auf Beethovens A-dur-Symphonie, welches die seinerzeit vielbesprochene und selbst bezweifelte „Einheit" dieses Kunstwerkes in knapper Weise aufs meisterhafteste klarstellt, und bedauern nur, daß sein Sonett über Beethovens achte Symphonie (F-dur) dem Gedenkbuch nicht einverleibt ist, da dieses gewissermaßen als Ergänzung zu demjenigen über die A-dur-Symphonie dient:

> „Du hast dein tiefstes Leiden nicht geklagt —
> Wie kann die Lust dir aus der Tiefe quellen?" (10)

Weniger allgemeinen Beifall möchte das Sonett über die Pastoral-Symphonie (S. 117, Band 12 der Ges. Schr. S. 124) mit den Schlußversen:

> „Ja, viel zu merken gibt der Meister heute;
> Sonst gibt er mehr zu fühlen und zu denken,"

gar keinen sicherlich bei unseren Programm-Musikern und den Anhängern des sogen. „Dichterkomponisten" oder gar „Worttondichters" finden. Was Strauß von letzterem hielt, läßt sich am einfachsten als Standpunkt der alten Schule bezeichnen, die von der Vermengung der Künste zu einem Gesamtbrei mit Beiseitesetzung der jeder einzelnen Kunst durch ihr eigenes Wesen gezogenen Grenze nichts wissen will. Klassisch war in dieser Hinsicht eine Aeußerung von Strauß über das, was ihn aus Weimar (zu Anfang der fünfziger Jahre) vertrieben habe: erstens das schlechte Bier und zweitens die Wagner'sche Musik. Der erste Grund findet sich auch poetisch ausgeführt in der „Elegie"

---

*) Vergleiche Straußens Briefe in der Sammlung von E. Zeller, Nr. 235, 247, 248, Seite 249, 262, 264.

(S. 119, Band 12 der Ges. Schr. S. 126), deren erste Strophe
also lautet:

> „Nach dem Strand der Isar
> Mit umflortem Blick
> Schau ich oft aus dieser
> Musenstadt zurück.
> Ob der Witz mich höhne,
> Ich gesteh' mit Schmerz:
> Eine braune Schöne
> Fesselt dort mein Herz."

Ueber die Wagner'sche Musikpoesie und Poesiemusik schweigt
Straußens Muse, denn da hörte nach seiner Ansicht die Poesie und
überhaupt alle Kunst auf. Man wird dies heutzutage (mit Ausnahme
gottlob!) einseitig nennen; wir sind aber überzeugt, daß man in nicht
allzu ferner Zeit auf diese Einseitigkeit zurückkommen und aufhören
wird, etwas zu bewundern, was als „neue Kunst" gegen die ersten
Grundgesetze der Aesthetik überhaupt und insbesondere der Musik
verstößt. (11)

Nächst der Musik sind der Plastik eine größere Anzahl von Gedichten, sämtlich in Epigrammenform, gewidmet. Dieselben beziehen
sich auf die Glyptothek in München. Wie bekannt, war diese Stadt, in
welcher zu jener Zeit die klassische Musik eine vorzügliche Pflege unter
Franz Lachner fand, bald auf kürzer, bald auf länger, ein Lieblings-
aufenthalt von Strauß. Die Epigramme datieren von dem ersten
Aufenthalt im Jahre 1849, welcher zugleich der längste war, und
während dessen er das Leben Märklins schrieb. Daß sie, wenigstens
zum Teil, als Führer durch die Glyptothek dienen können, wird jeder
Kenner zugeben. Schon die zwei ersten: „Ansicht" und „Einlaß"
(S. 83) haben in Wahrheit etwas Einladendes. (12)

Wir bewundern bei diesen Epigrammen von neuem die Form-
vollendung, die vollkommene Herrschaft, welche Strauß über die Sprache
hatte, und wenn wir seinen Worten in der „Verordnung" (S. 1):

> „Ein Gedicht wußt' ich zu machen,
> Aber Dichter war ich nicht,"

weit entfernt, diese für den Ausdruck falscher Bescheidenheit zu halten,
auch beistimmen, so glauben wir doch hinzufügen zu dürfen, daß
Strauß jedenfalls ein vortrefflicher Epigrammatiker war. Auch andere
Proben seiner epigrammatischen Kunst finden sich zum Teil in dem
Gedenkbuch, zum Teil in den Händen seiner Freunde, wie zum Beispiel ein Epigramm aus dem Jahre 1865, „ratio sufficiens" über-
schrieben, welches wir hier gern bekannt geben würden, wenn es sich
nicht aus besonderen Gründen der Veröffentlichung entzöge. Aus dem
Gedenkbuch aber dürfen wir keinesfalls die treffenden Epigramme auf

Hegel („Sein System war klüger, als er" u. s. w.) und Schleiermacher („Der war klüger als sein System" u. s. w.) S. 25 uner-
wähnt lassen, welche, wie ganz besonders auch das Epigramm auf die
Venus von Knidos (S. 88, Band 12 der Ges. Schr. S. 96)(13), in
ihrer ganzen Faktur und speziell in Hervorhebung der Kontraste wahrhaft Schiller'schen Geist atmen.

Andererseits erinnern aufs lebhafteste an die größeren Elegien
Schillers die sieben Gedichte in elegischem Versmaß, welche wir unter
der Ueberschrift „Vor dem Fernrohr" auf S. 166—177 vorfinden.
Wie z. B. Schiller in dem „Spaziergang" die gesamte menschliche
Kulturentwicklung in leichtem Fluß zu poetischer Darstellung bringt
und für alle einzelnen Momente den angemessenen Ausdruck findet, so
versteht es Strauß, die Ergebnisse seiner astronomischen Studien (Vor-
studien zu seinem „alten und neuen Glauben") in das schönste und
passendste dichterische Gewand zu kleiden und die schwierigen astronomischen Begriffe auf die glücklichste und fesselndste Weise zur Anschauung zu bringen: ein Beweis, wie sich auch bei Strauß eine hervorragende Eigentümlichkeit Schillers offenbart, wissenschaftliche Dinge
mit poetischem Auge anzuschauen.

Mit der nämlichen Meisterschaft, mit der Strauß das elegische
Versmaß in seinen Epigrammen und Elegien handhabt, weiß er einem
anderen seiner Lieblingsdichter, Catull, den charakteristischen Choliam-
bus, einen der schwierigsten und eigenartigsten Verse, nachzubilden und
auch hier wieder auf das glücklichste Inhalt und Form zu vereinigen,
wie aus dem „Hausgarten" (S. 3, Band 12 der Ges. Schr. S. 5)
und den „Choliamben" (S. 220, Band 12 der Ges. Schr. S. 204)
ersichtlich ist. Wir geben hier die zweite Hälfte des letztgenannten
Gedichtes:

> Nur eins der Maße, scheint es, will mir treu bleiben:
> Der Trochäus, der gemessen Schritt vor Schritt setzet,
> Der ernst und fest die vorgeschrieb'ne Bahn wandelt.
> Und wie? da will noch einen er mir vorstellen,
> Der, glaub' ich, hinkt? Wohl, er nennt sich Hinkjambus;
> Schön ist er nicht und doch — er war Catull teuer,
> Der selbst den Grazien teuer war, wenn je einer,
> Ihn wählt er, wo die Heimkehr er zum See feiert,
> Wo auf verlornes Liebesglück er Verzicht leistet.
> Mit seiner Stauung ist der Vers zunächst seltsam,
> Dann lächerlich, wenn man so will, dann nachdenklich,
> Zuletzt, wenn eins ihn tiefer faßt, gar wehmütig.
> Ich will aus anderm Grund ihm heut Willkomm sagen,
> Er wird am ehsten, hoff' ich, mich zur Ruh' bringen,
> Die mehr nicht meinen matten Gliedern Not thun kann,
> Als ihm mit seinem nachgeschleppten Klumpfuße..
>
> (25. Oktober 1873).

Bon den Gedichten, die sich auf deutsche Dichter beziehen, möchten wir besonders auf dasjenige über Platen (S. 118, Band 12 der Ges. Schr. S. 125), hinweisen, welches nach unserem Dafürhalten einerseits die Bewunderung dieses vielfach in entgegengesetzter Weise beurteilten Poeten auf ihr richtiges Maß zurückführt, andererseits dieselbe innerhalb dieser Grenzen zu voller Geltung kommen läßt; (14) sowie ferner auf die drei Gedichte über Friedrich Rückert (S. 206 f., Band 12 der Ges. Schr. S. 189 f.), welche (ausnahmsweise!) ein strengeres Urteil aussprechen, als wir mündlich von Strauß über Rückert zu hören gewohnt waren. (15)

Diese letzten Gedichte sind schon aus dem Krankenzimmer des Leidensjahres 1873.

„Konsequent denken, konsequent leben, konsequent sterben." Dieses Motto könnte man mit Fug und Recht dem Leben von David Friedrich Strauß voransetzen, der als ein Held gedacht, gelebt und geendet hat. Konsequent denken! Wie viele unserer „Denker" vermögen das? Wie viele thun es? Wie viele — die Hand aufs Herz! — dürfen von sich sagen, daß sie frei von allen Rücksichten nur die Erforschung der Wahrheit im Auge gehabt und diese ohne alle Nebenrücksichten frei und offen gelehrt haben! Strauß darf es, wie keiner in höherem Grade. Und wie er konsequent dachte und lehrte, so lebte er konsequent und konform mit dem, was er lehrte. Von nichts war er weiter entfernt, und nichts war ihm verhaßter, als die Frivolität unter jeglicher Gestalt. Und nun sein Tod! Da ist wohl Resignation in reichem Maße (und dies sehr natürlicherweise), aber von einer Dissonanz auch nicht die leiseste Spur, so wenig, fast möchten wir sagen: noch weniger, als bei Spinoza. Und während dieser wie im Leben, so im Tode, einsam geblieben, so bevölkert sich gewissermaßen bei Strauß das Krankenzimmer, welches wir geradezu ein ideales nennen dürfen: das Krankenzimmer, wie es sein soll. Der ganze reiche Inhalt seines Lebens, seine sämtlichen Beziehungen zu seinen Familiengliedern (auch die alte treue Dienerin Karoline ist nicht vergessen — s. S. 215, Band 12 der Ges. Schr. S. 198), zu seinen Freunden, zu Kunst und Wissenschaft erfüllen die Seele des Leidenden und ertönen in immer leiseren und ergreifenderen Klängen, und in regem Wechselverkehr nahen sich ihm die Beweise inniger und tröstender Teilnahme von den vielen, denen er teuer war. Wahrhaft rührend ist der bereits anderweitig*) mitgeteilte Scheidegruß des sterbenden Großvaters an das Zwillingspaar von Enkeln, welches ihm während seiner Krankheit geboren wurde (S. 228, Band 12 der Ges. Schr.

---

*) S. Ed. Zeller, D. Fr. Strauß in seinem Leben und seinen Schriften. Bonn 1874, S. 119.

S. 210), und nicht minder das letzte größere, seiner Tochter gewid=
mete Gedicht (S. 242, Band 12 der Ges. Schr. S. 224), welches
mit den Worten des letzten Abschieds ein letztes Glaubensbekenntnis
des für immer Scheidenden verbindet:

> „Wer gutes empfangen,
> Der darf nicht verlangen,
> Daß nun sich der Traum in's Unendliche webt."

So bringen die tiefsten Klänge von dem vielen Tiefen, was
Strauß empfunden und geschrieben, aus diesem Kranken= und Sterbe=
zimmer, und auf alle lassen sich die letzten Zeilen, die seiner ent=
sinkenden Feder entflossen, anwenden:

> „Möge schwach wie immer,
> Aber hell und rein
> Dieser letzte Schimmer,
> Dieser Ton nur sein."

Hier ist nur noch zu sagen: man nehme das Buch in die Hand
und lese selbst, was Strauß in dem Krankenzimmer gedichtet hat, und
man wird gestehen müssen: er ist ein Mensch gewesen, wie es wenige
gegeben hat. Und diese Gedichte aus dem Krankenzimmer sind denn
auch vornehmlich geeignet, denjenigen ein annäherndes Bild von unserem
Strauß zu geben, welche ihn nicht persönlich gekannt haben.

Nur ein Gedicht, eines der ersten aus dem Krankenzimmer,
möge uns gestattet sein hier noch ganz hinzusetzen, weil es zu den
bezeichnendsten und, soviel wir wissen, am wenigsten bekannten gehört:

An die Freunde (S. 205, Band 12 der Ges. Schr. S. 187).

> „Haltet ein mit eurem Lobe,
> Freunde, wenn der Freund euch wert;
> Der allein bestand die Probe,
> Der sich bis zuletzt bewährt.
>
> Sich als Helden zu bespiegeln,
> Mag dem Armen wohl vergehn,
> Der in immer heißern Tiegeln
> Seine Kraft muß schwinden sehn.
>
> Ach, der Tag hat lange Stunden,
> Auf dem Siechbett zugebracht;
> Und unendliche Sekunden
> Hat erst eine Leidensnacht.
>
> Drum, so lang er ringt und stöhnet
> Seid dem Kranken freundlich mild,
> Doch, ist sein Geschick versöhnet,
> Dann vergeßt das Jammerbild."

Das Jammerbild ist vergessen, seitdem er vollendet hat, und wir richten sein Standbild auf mit den Worten des Dichters:

> „Er war ein Mann! nehmt alles nur in allem,
> Ich werde nimmer seines Gleichen seh'n."

Und wenn Strauß als Mann der Wissenschaft, wie allerseits zugestanden wird, von sich sagen darf:

> „Es kann die Spur von meinen Erdetagen
> Nicht in Aeonen untergeh'n,"

so wird das Gedächtnis des Menschen Strauß von allen, die ihm näher standen, in dankbarem Andenken heilig gehalten werden, und manche Stätte, die der Edle mit uns betrat, und welche die Erinnerung an den Unvergeßlichen mit besonderer Lebhaftigkeit hervorruft, wird uns, um die anderen Worte seines Lieblingsdichters zu gebrauchen, als eine geweihte erscheinen, und wir werden im Stillen die oft angewandten Grabesverse mit einer kleinen Aenderung sprechen:

> „Ach, sie haben
> Einen großen Mann begraben,
> Und mir war er mehr."

Anmerkungen.

1.
An meine Mutter.*)

Du mußtest sterben, Mutter, ich muß leben:
Ach, warum hast du mich nicht mitgenommen?
So schlief' ich aller Erdenqual entkommen,
An deiner Seite, kühl gelegt und eben.

Noch leb' ich, und nur Eins ward mir gegeben:
War ich in Nächten schlaflos und beklommen,
Darf oft, eh' noch im Osten Licht entklommen,
Dein Bild in leichtem Traume mich umschweben.

O süßer Wahn, fahr' fort, mich zu bethören!
Die Mutter wiederseh'n, sie reden hören! —
Doch muß auch diese Wonne schwarz sich färben.

Ach, ihre letzten Leidensstunden haben
Zu tief sich diesem Herzen eingegraben:
Ich seh' sie auch im Traum nur immer — sterben.

---

*) Im März 1839.   1839.

2.

Hier ist dem Verfasser dieser Anzeige ein kleiner Irrtum unterlaufen. Das letzte Gedicht (S. 244, Band 12 der Ges. Schr. S. 226) vom 19. Dezember 1873 ist nicht für Straußens Tochter, sondern für Rapp's Tochter, Frau Frida Boyer, gedichtet, wie aus Strauß' Briefen, herausgegeben von Eduard Zeller, Bonn 1895, (Seite 573 Brief 602 an Rapp) hervorgeht. Vor Veröffentlichung dieser Briefe dürfte dies kaum Jemandem bekannt gewesen sein.

Das Gedicht lautet:

Wem ich dieses klage,　　Heute heißt's: verglimmen,
Weiß, ich klage nicht;　　Wie ein Licht verglimmt;
Der ich dieses sage,　　In die Luft verschwimmen,
Fühlt, ich zage nicht.　　Wie ein Ton verschwimmt.

Möge schwach wie immer,
Aber hell und rein
Dieser letzte Schimmer,
Dieser Ton nur sein.　　　29. Dezember 1873.

Strauß schreibt seinem Freund Rapp: „Für Frida, wenn Du meinst, es sei ihrer nicht ganz unwert."

3.

Wir teilen hier das ganze Gedicht mit:

Meinem Sohne Fritz.

(In's Manöver.)

Stets im düster'n Krankenzimmer
Gingst du auf als Morgenstern;
Bleib' auch jetzt mit deinem Schimmer
Mir nicht allzulange fern.

Wie zum Jüngling du vom Knaben,
Von dem Jüngling ward'st zum Mann,
Möcht' ich bald vollendet haben,
Was so schön für uns begann.

Ob die Kräfte mir zerronnen,
Ob das Leben selbst entfloh'n:
Hab' ich doch indeß gewonnen
Einen Freund mir in dem Sohn.

Nur kein Zagen, nur kein Zittern!
Selbst in Nächten ist's noch hell,
Und zur Seite jedem bitter'n
Sprudelt auch ein süßer Quell.

1873.

4.

Zum Abschied.

Frisch gewagt ist halb gewonnen!
Aber manches, froh begonnen,
Ward in Traurigkeit vollbracht.
War der Morgen noch so labend,
Trübe wird vielleicht der Abend,
Und Gewitter bringt die Nacht.

Bande knüpfen, Bande lösen,
Ist der Wechseltausch gewesen,
Seit dies Erdenrund sich dreht.
Knüpfen ist oft nicht gedeihlich,
Aber lösen nie erfreulich,
Sei es frühe, sei es spät.

Mir auch schlug die Abschiedsstunde,
Reißt mich los von diesem Bunde,
Dem sich Herz und Sinn verwebt.
Nach dem Scheiden kommt das Meiden,
Und was bitt'rer sei von beiden,
Weiß nur der, der es erlebt.

Doch, zum tröstenden Vermächtnis,
Auf ein freundliches Gedächtnis,
Brüder, eure Gläser her!
Angestoßen! Doch mit Maße;
Denn aus dem zersprung'nen Glase
Macht kein Gott ein ganzes mehr.

1848.

5.

Aus dem Grabe.

(Märklin.)

Indessen du voll Kummer
In deinem Bett gewacht,
Lag ich in sanftem Schlummer
Im Grab die erste Nacht.

Um mich, du mein Gefährte,
Gräme dich nicht zu sehr;
O glaube mir: die Erde
Ist keinem Guten schwer.

Des Tages banger Schwüle,
Des Streites Lärm entrückt,
Ach, wie mich hier die Kühle,
Die Stille mich beglückt.

Es steigt fortan mein Wollen
In Bäumen schlank empor;
In Blumen, düftevollen,
Bricht mein Gefühl hervor.

Und sproßt vom Grabesboden
Ein Lilienstengel auf,
Den reich' ich von den Toten
Dir, lieber Freund, hinauf.

1849.

6.

An Kuno Fischer.

Dein Fahrzeug hatte Gegenwind,
Die Segel waren eingenommen:
So kam es auf dem Fluß geschwommen,
Die Strömung trieb es nur gelind.

Mein Schifflein schwamm die gleiche Bahn,
Es kam dem deinigen zur Seite,
Erwünscht war beiden das Geleite:
So zog man nachbarlich voran.

Es waren Tage voll Genuß,
Man grüßte sich am frühen Morgen,
Vergaß im Redetausch die Sorgen,
In Zukunftsplänen den Verdruß.

Auf einmal weicht der Lüfte Groll;
Es bläst dir günstig in den Rücken:
Die Segel auf! und mit Entzücken
Erblickst du sie geschwellt und voll.

Und rufst auch mir: „Die Segel auf,
Benutz' auch du des Windes Treiben;
Laß uns fortan zusammen bleiben,
Beisammen auch im vollen Lauf!"

Ja, Segel auf! Da sieh nur her:
Bei mir ist Tuch und Tau verwittert,
Der Mast, vom Wetterstrahl zersplittert,
Erträgt im Wind kein Segel mehr.

Zieh du mit aller Götter Gunst
Vom Fluß zum Strom, vom Strom zum Meere;
Erwirb dir Gut, erwirb dir Ehre,
Und Ruhm der deutschen Steuerkunst.

Mich aber laß im Fluß zurück!
Mich zieht es nach dem nächsten Hafen,
Ich wünsche nichts mehr, als zu schlafen
Nach langer Müh' und kurzem Glück.

27. Dezember 1856.

7.

Kaiser Josef im Sterben.

Mein Leben ist zerronnen,
Es schwindet meine Kraft,
Die, ach! so viel begonnen,
So weniges geschafft.
Im ernsten Wettlaufspiele
Lief ich zu rasch vielleicht:
Nun steh' ich an dem Ziele,
Und habe nichts erreicht.

Künstler, D. F. Strauß.

Ich suchte nur das Rechte,
Der Völker Wohlergeh'n;
Ich wollte frei die Knechte,
Die Herren menschlich seh'n.
Zum Beſſern war ich Dränger,
Zum Lichte lud ich ein;
Die Prieſter ſollten länger
Nicht faule Pfaffen ſein.

Doch konnte nicht gelingen,
Was ich ſo kühn begann:
Zum Glücke wollt' ich zwingen,
Drum hieß ich ein Tyrann.
Bald trugen freche Heßer
Aufruhr von Land zu Land.
O Menſchheit! Deinen Schätzer,
Wie haſt du ihn verkannt.

Der noch in ſeinem Scheiden
Der hehren Sonne glich,
Wie muß ich dich beneiden,
Du großer Friederich!
Es bleibt für deine Staaten
Dein Geiſt ein ſichrer Hort;
Es wachſen deine Saaten
Auch unter Stürmen fort.

Ach, was ich Armer ſtreute,
Fiel auf ein wüſtes Land;
Dein Walten büß' ich heute,
Du zweiter Ferdinand.
Du haſt dem Licht gewehret,
Du haſt die Luft verdumpft,
Oeſtreichs Gefild verheeret,
Das Keiner mehr entſumpft.

Wohlan, es ſchlägt die Stunde,
Hinüber muß ich jetzt.
Der Mutter bring' ich Kunde,
Die ſie in Gram verſetzt.
Vor Rudolf dann, dem Ahne,
Neig' ich in Demut mich;
Doch Deutſchlands Kron' und Fahne
Geb' ich dem Friederich.

1859.

8.

Am Main.

Dir bring' ich meinen Wandergruß;
Noch biſt du ja der milde Fluß,
Wie wir dich alle kennen.
Was fällt denn nur den Leuten ein?
Auf einmal ſollſt du Grenze ſein,
Du ſchöner Main,
Von Deutſchen Deutſche trennen.

Wie seid ihr auf der falschen Spur,
Wie sprecht ihr wider die Natur,
Ihr Tauben und ihr Blinden!
Mit Scheiden läßt er sich nicht ein,
Er mag nicht Friedensstörer sein,
Der schöne Main,
Er liebt nur zu verbinden.

Da wandelt er mit frohem Sinn
In sanften Windungen dahin,
Bald heller und bald trüber.
Hier kühler Wald, dort süßer Wein,
Als lüden sich die Ufer ein,
Am schönen Main,
Herüber und hinüber.

Fort mit dem trennenden Phantom!
Ein Gürtel sei der gold'ne Strom
An Deutschlands holdem Leibe.
Kein Fremder soll ihn uns entweih'n,
Wir wollen deine Hüter sein,
Du schöner Main,
Daß Deutschland unser bleibe.

1868.

9.

Zauberflöte.

1. Mozart.

Dem Gotte gleich, der aus den Thorenstreichen
Der Menschenkinder Weltgeschicke flicht,
Hast du aus einem närrischen Gedicht
Ein Tonewerk erschaffen sondergleichen.

Schon warst du nahe jenen ernsten Reichen,
Wo jede Lebenstäuschung uns zerbricht,
Das Haupt umstrahlt von jenem reinen Licht,
Vor dem die bunten Erdenfarben bleichen.

Da schien der Menschen Thun dir Kinderspiel,
Du sah'st den Haß in ew'ge Nacht gebannt,
Die Liebe sich zur Weisheit mild verklären.

Dank dir, verklärter Meister! nah' dem Ziel,
Hast du uns liebend noch herabgesandt
Vorklänge von der Harmonie der Sphären.

10.

Es erscheint mir angemessen, die beiden Sonette in ihrem ganzen Wortlaut hier mitzuteilen.

Beethovens A-dur-Symphonie.

Wo führst du hin mich, wunderbarer Freund?
Du lockst mit holdem Schmeichellaut mein Sehnen;
Wie, ist es Wahrheit oder eitles Wähnen,
Daß mir das Ziel, mein Glück, schon nahe scheint?

2*

Ha, böser Zaubrer, war es so gemeint?
Zerschmelzen soll ich unter deinen Tönen?
Seit Qualen kennt das Herz, das Auge Thränen
Ward bittrer, nein! ward süßer nicht geweint.

Doch aus dem Thränenbade neubelebt,
Ein Jüngling, steigt der Geist, tritt kühn daher,
Umhüpft von leichter Scherze munterm Chore.

Was leichter Scherz? Jauchzt, daß die Erde bebt!
Es rase Lust, und ein Bacchantenheer
Sprenge des Göttersaales eh'rne Thore!

Beethoven's achte Symphonie.

Welch' bunter Drang, welch' unruhvolles Streben —
Bald weiches Sehnen, bald verweg'ne Fragen —
Sind es Gedanken, welche sich verklagen?
Sind's Völker, die sich für ihr Recht erheben?

Ja, uns're Wünsche! — Das ist noch ein Leben!
Schau hin, wie sie, im Wirbeltanz getragen,
Mit schwerem Fuße bald den Boden schlagen,
Bald, leichte Genien, hoch im Äther schweben!

Nun aber fasse dich, wach' auf, mein Herz! —
Du willst nicht? Gut, wenn dir das Spiel behagt,
Ich werd' es dir durch keinen Ernst vergällen.

Doch ist es dir denn Ernst mit deinem Scherz?
Du hast dein tiefstes Leiden nicht geklagt —
Wie kann die Lust dir aus der Tiefe quellen?

Daß das in dem vorstehenden Sonett ausgesprochene Urteil über die achte Symphonie deren Wert als einer der gefälligsten und gleichmäßigsten Kompositionen, die Beethoven geschaffen, keinen Eintrag thut, versteht sich von selbst.

11.

Straußens Urteil in dieser Frage lautet also anders, als dasjenige mancher Kritiker der Gegenwart, anders auch z. B., als das Urteil von Julian Schmidt im Oktoberheft der Preußischen Jahrbücher von 1876, welches sich von ungeteilter Bewunderung Richard Wagners und der Aufführungen in Bayreuth kaum fern hält und mit der sonst beliebten scharfen Analysierung dieses Kritikers wenig übereinstimmt. Wie der berühmte Literarhistoriker und Kritiker in Wagners „Oper und Drama" etwas anderes finden kann, als ein Gemisch von Wahrem und Falschem, von dem das Wahre nichts weniger als neu ist, ist uns schwer erklärlich. Hierfür hat doch — man sollte meinen, ein= für allemal — schon Otto Jahn in seinen Aufsätzen über Wagners „Tannhäuser" und „Lohengrin" (in den „Grenzboten" 1853 und 1854, wieder abgedruckt in den „Gesammelten Aufsätzen über Musik von Otto Jahn", Leipzig, Verlag von Breitkopf & Härtel 1866) den Beweis geführt. Vollends unbegreiflich ist uns von einem Manne wie Julian Schmidt ein Ausspruch (S. 416), den wir wörtlich anführen müssen: „Wir können sämtlich dem Mann nur d a n k e n, der durch eine ganz ungewöhnliche Energie des Willens uns gezwungen hat, die K u n s t nicht bloß als eine Zerstreuung im Laufe der Geschäfte, die man bald wieder vergißt, sondern als etwas h ö c h s t e r n s t h a f t e s u n d w i c h t i g e s zu betrachten, das volle Hingebung fordert."

Also W a g n e r hat uns e r s t w i e d e r g e l e h r t, daß wir es mit der Kunst e r n s t nehmen müssen; außerhalb Wagner gab es bisher keinen Ernst der Kunst, da war alles bloß „Meyerbeer" oder „Offenbach", und „Fidelio", „Zauberflöte", „Wallenstein", „Faust" dienten uns nur zur „Zerstreuung im Laufe der Geschäfte!" Ist dies Ernst oder — etwas anderes?

Für den Wert des m u s i k a l i s c h e n Verständnisses Julian Schmidts genügt es, den einen Satz von ihm anzuführen: „F r ü h e r hatte sich der Komponist mehr oder weniger g l e i c h g ü l t i g gegen das W o r t d e s D i c h t e r s verhalten; W e b e r versuchte es z u e r s t, eine Einheit im ganzen wie im Detail herzustellen." Wir empfehlen dem berühmten Kritiker zu seiner Belehrung über das Verhältnis von Text und Musik, wie dasselbe schon lange Zeit v o r W e b e r u n d v o r W a g n e r bestanden hat, das wiederholte Studium des Textes und der Musik der Opern von Gluck und Mozart, ganz besonders von „Figaros Hochzeit" oder auch nur des großen Quartetts am Ende des zweiten Aktes von „Belmonte und Constanze," bekanntlich der ersten bedeutenden Leistung Mozart's auf dem Gebiete der dramatischen Musik.

Ein trauriger Beweis, wie anhaltendes Behaupten der falschesten Dinge und selbst die gewöhnlichsten Schlagworte (wie von der „Wiederherstellung des Ernstes in der Kunst"!) auch einen sonst so hellen Kopf in Fragen, die nicht sein eigentliches Fach sind, verwirren und blenden können, ganz ähnlich, wie das Anpreisen von Waren durch unabläßige Reklamen schließlich seine Wirkung nicht verfehlt. Es thut uns leid, es sagen zu müssen, allein wir können nicht anders, und wir hoffen, der Leser wird uns nach dem Angeführten beistimmen: Julian Schmidt spricht von musikalischen Dingen wie der Blinde von der Farbe. — —

Seitdem sind mehr als zwanzig Jahre vergangen und die Ansichten haben sich nur wenig geklärt. Unter den in neuester Zeit über die musikalische Bewegung der Gegenwart erschienenen Schriften verdienen besondere Erwähnung die vier Aufsätze des — schon durch einen früheren kleinen, aber beachtenswerten Aufsatz im Septemberheft der

Preußischen Jahrbücher von 1866 „Die Annexionen und die Tonkunst" als Schriftsteller bekannt gewordenen — Direktors des Frankfurter Konservatoriums, Professor Bernhard Scholz, die zuerst in der Beilage zur „Allgemeinen Zeitung" (im Februar 1897) und dann als besondere Broschüre unter dem Titel „Wohin treiben wir?" (Frankfurt a. M., L. Firnberg) veröffentlicht wurden. Gleich im Anfang findet sich die treffende Bemerkung, daß seinerzeit der Streit der Gluckisten und Piccinisten durch die Wunderwerke Mozarts ausgeglichen und entschieden wurde, in denen Wahrheit und Kraft des Ausdrucks mit Schönheit und Reiz aufs innigste gepaart waren, und im weiteren Verlauf der Darstellung verdient besonders hervorgehoben zu werden der Hinweis auf die Anwendung des so hochdramatisch wirkenden Recitativo accompagnato (im Gegensatz zu dem Recitativo secco) durch Mozart, z. B. in den beiden großen Recitativen der „Donna Anna" im ersten Akt des „Don Juan", sowie bei dem Dialog zwischen Tamino und dem Sprecher in der „Zauberflöte" — im Gegensatz zu „dem ewigen Einerlei einer beschränkten Zahl von Leit- und Erinnerungsmotiven bei Wagner".

Scholz stellt zwar nach unserem Dafürhalten die früheren Werke Wagners, „Holländer", „Tannhäuser", „Lohengrin", sowie auch die „Meistersinger", immer noch zu hoch, giebt aber dessen letzte Produktionen, die Tetralogie des Nibelungenringes und das „Bühnenweihfestspiel" Parsifal mehr oder weniger preis. Leider wird der günstige Gesamteindruck der Schrift durch eine Stelle arg gestört. Scholz citiert Wagners Ausspruch, daß „der Dichter seine Absicht als eine höchst dichterische nur danach bemessen könne, daß sie im musikalischen Ausdruck zu verwirklichen sei", und nennt den Satz Wagners „Was nicht wert ist, gesungen zu werden, ist auch nicht der Dichtung wert" einen schönen Ausspruch. Danach wären also „Hamlet", „König Lear", „Romeo und Julia", „Wallenstein", „Jungfrau von Orleans", „Wilhelm Tell", „Iphigenie", „Tasso", „Faust" u. s. w. einfach gleich Null!

Hiernach zu urteilen, hätte, wie wir annehmen zu müssen bedauern, Scholz so wenig wie Wagner eine Ahnung davon, was zu den Grundelementen aller Ästhetik gehört, daß durch das gesprochene Wort mehr ausgedrückt werden kann, als durch den Ton, und daß die Poesie die höchste Kunst ist und nicht die Musik mit ihrer Beschränktheit auf Gefühle und Stimmungen. Wohlgemerkt, dieser Ausspruch Wagners ist nicht etwa irgend eine beiläufige Bemerkung, sondern das Ergebnis seiner ganzen Theorie, die ausgesprochenermaßen auf nichts anderes hinausläuft, als die „Allkunst".

Ob es ihm wohl selber mit allem dem so ganz ernst war, was er seinem Publikum vorschrieb? Ich habe viel und schon seit langer Zeit über diese Frage nachgedacht (es war im Jahre 1853 oder 1854, daß ich dem Studium von Wagners Schriften, dem „Kunstwerk der Zukunft", den „Mitteilungen an meine Freunde" und seinem Hauptwerk „Oper und Drama" einige Zeit widmete), habe auch viel mit anderen darüber gesprochen, konnte aber weder eine sichere Auskunft erhalten noch selbst eine bestimmte Ansicht gewinnen. Jedenfalls war er ein sehr kluger Herr und Herrscher, der „Meister".

Sehr zu bedauern ist, daß Otto Jahns Gesammelte Aufsätze über Musik vergriffen sind. Der Verleger würde sich ein Verdienst erwerben durch eine neue Auflage derselben. So groß die Verwilderung in allen ästhetischen Fragen, nicht bloß in musikalischen, heutzutage ist, die Stimme eines Otto Jahn, des Verfassers von Mozarts, leider nicht auch, wie er beabsichtigt hatte, von Beethovens Leben, würde — dies darf man wohl annehmen — wenigstens hier und da durchdringen. Wenn nicht alles wieder aufgelegt werden könnte, so doch mindestens die beiden Aufsätze über „Tannhäuser" und „Lohengrin", die manchem freilich recht veraltet, anderen jedoch wie neu erscheinen würden. Auch der in der „Gegenwart" (1882, Nr. 45) unter der Überschrift „Bayreuther Nachklänge" veröffentlichte Aufsatz Wilhelm Lübke's, der eine Fülle trefflicher Bemerkungen enthält und namentlich den Zusammenhang der Schöpfungen Wagners mit anderen modernen Kunsterscheinungen nachweist und aus der Vergangenheit Bernini zum Vergleich heranzieht, verdient eine weitere Verbreitung.

Um nochmals auf Wagners obigen „schönen" Ausspruch zurückzukommen, so bildet einen direkten Gegensatz hierzu das Wort Voltaires: „Ce qui serait trop sot, pour être dit, on le chante". Es ist kein geringerer, als der mehrfach genannte Otto Jahn, der diesen Satz anführt und zwar, was von besonderem Interesse ist, zur Kennzeichnung der „gemeinsten, hausbackenen, mit Kummer und Not — unter geradezu unsinniger Anwendung von Flickwörtern, wie „doch", „noch", „nun", — elend zusammengereimten Prosa" in dem Lohengrin-Text", welchen viele Angehörige der Nation, die einen Goethe und Schiller hervorgebracht hat, für Poesie halten.

12.

Ansicht.

Seh' ich die jonischen hier, dort schlanke korinthische Säulen,
    Auf den gebreiteten Grund mächtiger Stufen erhöht;
Ueber den Säulen, sich hell anblickend, die griechischen Giebel.
    Rings, wie um Tempel, die still bergende Mauer geführt:
Schwillt mir das Herz, es verwandelt das rauhe Gebüsch sich in Lorbeer,
    Und im Gestöber des Schnee's atm' ich hellenische Luft.

Einlaß.

Götter und Göttinnen ihr, ehrwürdige, Helden und Kaiser,
    Laßt in den heil'gen Raum, den ihr bewohnet, mich ein.
Fremd und gedrückt empfind' ich mich unter den lebenden Menschen:
    Marmorne Schatten, bei euch fühl' ich mich wohl und daheim.

13.

Venus von Knidos.

Hieher kommt und empfanget die heilige Weihe der Schönheit,
Die ihr euch lauteren Sinns wisset und reinen Gemüts.
Wehrt auch Profane nicht ab: sie seh'n liebreizende Glieder;
Aber die Göttin entzieht sich dem besudelten Blick.

14.

Platen:

Mag deine Dichtung uns ein Garten scheinen,
Gepflanzt auf einem etwas mager'n Boden:
Doch, reisten wir bis zu den Antipoden,
Gepflegter fänden wir und saub'rer keinen.

Wenn du in deinen Dramen, wie wir meinten,
Dich wunderlich bemühtest, schale Moden
Durch schale Parodien auszuroden:
So zählen wir sie kaum noch zu den Deinen.

Doch deiner Oden keusche Marmorglieder,
Der wohlgeprägten Epigramme Kette,
Der zarte Farbenschmelz so mancher Lieder,

Und dann die rein gezeichneten Sonnette —
Sie laden edle Geister immer wieder
Als Musterbilder zur geweihten Stätte.

1851.

15.

Wir geben hier das z w e i t e Gedicht bekannt, welches noch das mildeste Urteil enthält und durch den Vergleich mit U h l a n d ein besonderes Interesse bietet.

Rückert.

Ein Freund hat dich einst mit Uhland verglichen;
Ob gut oder übel, es ist mir entwichen.
Nur eines wandelt auch hier mich an:
Uhland war ein kinderloser Mann;
Um ihn erscholl kein müßiges Wort,
Jedes Möbel stand an seinem Ort.
Bei dir hört man oft die Jungen lärmen,
Vom Garten in's Zimmer zum Vater schwärmen.
Das stört im Dichten dich nicht eben,
Hat dir manch' lebendiges Blatt gegeben;
Doch wünscht man bisweilen zu deiner Hast
Dir ein Weniges von des Andern Rast.

1873

II

(1878.)

Poetisches Gedenkbuch.

Gedichte aus dem Nachlasse von David Friedrich Strauß. Zweite Auflage. Bonn, Emil Strauß. 1877.

Dem Wunsche, welchem von vielen Seiten Ausdruck gegeben war, und dessen Erfüllung ausgesprochenermaßen auch ein Hauptzweck meiner Besprechung der ersten Ausgabe des Poetischen Gedenkbuches von D. F. Strauß war, ist nunmehr nachgegeben: das Poetische Gedenkbuch, Gedichte aus dem Nachlasse von D. F. Strauß, ist in seiner zweiten Auflage dem Publikum durch den Buchhandel zugänglich gemacht und zwar in zweifacher Weise, sowohl in besonderem Abdruck mit eleganter Ausstattung, wie als zwölfter (letzter) Band von Strauß' Gesammelten Schriften, beide Ausgaben identisch bis auf die Seitenzahl und mit einem einleitenden Vorwort von Professor Eduard Zeller versehen.

Die erwähnte Besprechung hatte dazu dienen sollen, an der Hand der Gedichte sozusagen die mehr menschlichen, als die schriftstellerischen Züge des unvergeßlichen Mannes hervorzuheben. Sie war geschrieben unter dem ersten Eindruck des sehnlichst erwarteten Buches und ohne daß der Verfasser Kenntnis von den bereits erschienenen „Literarischen Denkwürdigkeiten" hatte, und es mußte ihm zur Befriedigung gereichen, daß in seiner Darstellung, wie er allerdings zu erwarten berechtigt war, nichts in Widerspruch mit diesen überaus schätzenswerten Selbstbekenntnissen stand. Bei vorhergehender Bekanntschaft mit den „Literarischen Denkwürdigkeiten" würde er es für ein selbstverständliches Gebot erachtet haben, an mehreren Stellen auf diese Bezug zu nehmen. Letzteres ist nun bei der in Rede stehenden Veröffentlichung der Gedichte für das gesamte Publikum von berufenster Seite geschehen, eben in dem trefflichen Vorwort, mit welchem Professor Zeller die Gedichte seines geschiedenen Freundes eingeleitet hat, und auf welches wir zunächst unsere Leser hinweisen.

Es war sehr begreiflich und natürlich, daß schon die erste, als Manuskript gedruckte und an die Freunde des Verewigten verteilte Auflage des „Poetischen Gedenkbuchs" mehrfache Besprechungen in öffentlichen Blättern erfuhr; denn sobald einmal etwas überhaupt im Druck vorliegt, ist es nicht wohl möglich, dasselbe geheim zu halten oder auf wenige Auserwählte zu beschränken. Dabei konnte es freilich nicht fehlen, daß sehr verschiedenartige Urteile und Wertschätzungen der Gedichte zutage kamen, zum Teil ohne alle Kenntnis ihrer Beziehungen zu Strauß' Leben und darum derjenigen Grundlage ermangelnd, von welcher aus allein ein volles Verständnis jener Gedichte, die gleich den „Denkwürdigkeiten", zum großen Teil wenigstens, Selbstbekenntnisse sind, zu gewinnen ist. Wenn in dieser Weise von Unberufenen, welche selbst ihre Unbekanntschaft mit Strauß' persönlichen Verhältnissen zugestehen, diese die innigsten Beziehungen berührenden Gedichte einer Besprechung in öffentlichen Blättern unterzogen wurden, so ist dies ebenso taktlos wie widersinnig zu nennen. Denn um über diese Gedichte zu sprechen, dazu gehört außer ästhetischem Urteil eine Kenntnis und ein Verständnis — und zwar ein liebevolles — von Strauß' ganzer Persönlichkeit.

Daß alle diese Bedingungen in hohem Grade bei Professor Zeller vorhanden sind, ist von neuem aus den Einleitungen desselben zu Strauß' Gesammelten Schriften und insbesondere aus dem Vorwort zu dessen Gedichten ersichtlich geworden.

Wir knüpfen an den Schluß von Zellers Vorwort an, wo es heißt: „Auch bei dem aber, was die gegenwärtige Sammlung bringt, möge der Leser sich erinnern, daß nichts davon ursprünglich für die Oeffentlichkeit bestimmt war. Es sind Tagebuchblätter und Briefe in poetischer Form, für den Verfasser selbst und für einzelne von seinen Freunden, nicht für die Lesewelt niedergeschrieben. Aber gerade in ihrer Anspruchslosigkeit sind diese Lieder ein um so treuerer Spiegel der Stimmung, aus der jedes von ihnen hervorging; durch keine fremdartigen Motive, keine Rücksicht auf den Eindruck getrübt, den sie in der Welt machen könnten. Wer sie in dem Sinne liest, in dem sie verfaßt wurden, der wird sich gerne dem Genuß ihrer Schönheit hingeben und sich durch sie in das innere Leben eines reichen und eigenartigen Geistes einführen lassen."

Daß die Gedichte von Strauß mehr oder weniger etwas Individuelles, einige etwas sehr Individuelles haben, unterliegt keinem Zweifel. Aber gerade hierin liegt, wenn auch nicht immer ihre poetische Bedeutung, doch stets ihr eigentümlicher Reiz. Manche von den Gedichten verraten eine spezifisch schwäbische Individualität und sind für diejenigen, welche genauere Kenntnis von den Schwaben überhaupt und von ihren Hauptvertretern insbesondere haben, von großem, für ferner Stehende allerdings von geringerem Interesse; eine Eigentümlichkeit der Schwaben, daß ihnen manches komisch erscheint, was anderen nicht so vorkommt, im Zusammenhang mit der schwäbischen Abgeschlossenheit und Enge tritt bei einigen Gedichten von Strauß ziemlich stark hervor. Aber verlohnt es sich denn nicht der Mühe, einem Manne, wie David Friedrich Strauß, auch einmal bis ins Kleine und selbst ins Kleinliche zu folgen? Erscheint es nicht sogar rührend, wenn der „Verfasser des Lebens Jesu" seiner Freude an einer Humoreske des täglichen Lebens in Versen Ausdruck giebt, die an Goethe'sche Knittelverse erinnern? Und gerade für diejenigen, welche Strauß nicht persönlich gekannt haben, bieten seine Gedichte überhaupt eine herrliche Gelegenheit, den Entwicklungsgang eines der bedeutendsten Geister dieses Jahrhunderts mit den begleitenden Umständen und Verhältnissen bis ins einzelnste kennen zu lernen.

Als der bedeutsamste Ausspruch in Zellers Vorwort ist unstreitig die Zusammenstellung von Strauß mit Plato anzusehen. Wie Zeller bei diesem den Mangel an dichterischer Befähigung nur als einen relativen im Verhältnis zu der ungleich stärkeren philosophischen Begabung erkennt und das Zurücktreten des Dichters aus der eminenten Größe seiner philosophischen Thätigkeit erklärt, so findet er, abgesehen von der näheren Bestimmtheit und dem nicht zu verkennenden Maße der beiderseitigen Anlagen, ein ähnliches Verhältnis bei Strauß: daß beide sich nicht ganz der Dichtkunst widmeten, lag weniger an der Schwäche ihres poetischen, als an der Stärke ihres philosophischen bezw. kritischen Talents.

Danach müssen wir auch wohl unser Urteil in der ersten Besprechung des Poetischen Gedenkbuchs, wonach wir Strauß in seinem Ausspruch, daß er „kein Dichter" sei, einfach recht geben, beschränken oder wenigstens erläutern. Man könnte diese unsere Zustimmung ~~vorschnell~~ nennen; jedenfalls wird man aus ihr ersehen, daß wir uns bei aller Bewunderung einer Überschätzung oder Voreingenommenheit nicht schuldig machen. Und schließlich hat Strauß — ganz ähnlich, wie Lessing, in dessen bekannter Selbstkritik man irrtümlicher Weise übertriebene Bescheidenheit gefunden hat — doch recht, daß er „kein Dichter" war, ein Dichter nämlich im höchsten Sinne, ein Goethe, welchem alles zur Poesie, wie einem Mozart alles zur Musik, einem Rafael alles zur malerischen Schönheit wird. Es läge nahe, hier auf das Verhältnis von Dichter und Kritiker in Strauß' Naturanlage einzugehen; allein dies würde wahrscheinlich zu weit führen, und man kann überhaupt diese Frage, wie wir glauben, nicht besser beantworten, als durch den Hinweis auf die unvergleichliche Auseinandersetzung dieses Punktes in den „Literarischen Denkwürdigkeiten", welche in ihrer Totalität durch jeden Auszug nur leiden und um ihre Wirkung gebracht würde.

Die zweite Auflage des Poetischen Gedenkbuchs unterscheidet sich von der ersten einesteils durch Hinzufügung einiger Stücke, andernteils durch Weglassung einer größeren Anzahl, einer ganzen Reihe von Gedichten. Inbezug auf die letzteren scheint man, wie dies auch Zeller ausspricht, in der Diskretion zu weit gegangen zu sein. Zugegeben, daß die Veröffentlichung einiger in der ersten Auflage mitgeteilten Gedichte speziell persönlich-individuellen Inhalts in der nicht mehr blos als Manuskript für die Freunde des Verewigten erscheinenden zweiten Auflage unthunlich war, so müssen wir doch die Mitteilung solcher Stücke, wie des Cyklus der sieben Gedichte, welche „Vor dem Fernrohr" betitelt sind, in jeder Hinsicht für unbedenklich halten, und wir beklagen es aufrichtig, daß diese Meisterstücke didaktischer Poesie, „die eine Zierde der früheren Ausgabe waren", einem weiteren Leserkreis verschlossen bleiben sollen. Hoffentlich werden schon bei einer neuen Auflage, die sicherlich nicht lange auf sich warten lassen wird, diese, wie wir wohl sagen dürfen, übertriebenen Bedenken geschwunden sein und einer Einfügung der erwähnten Gedichte, sowie einiger anderen nichts mehr entgegenstehen. Bei dieser Gelegenheit wollen wir auch einen bereits von uns ausgesprochenen Wunsch wiederholen, daß nämlich unter den musikalischen Sonetten unmittelbar hinter dem Sonett über Beethovens siebente (A-dur) Symphonie dasjenige über die achte (F-dur) Aufnahme finden möge: dasselbe bildet in der That eine „Ergänzung" zu dem erstgenannten und löst in einfacher Weise die Frage über die Auffassung und Einreihung der F-dur-Symphonie, welche den Beethoven-Kommentatoren viel Kopfzerbrechen gemacht hat.*)

Die neu aufgenommenen Gedichte begrüßen wir sämtlich mit Freude, namentlich die humoristischen, auf welche Zeller besonders aufmerksam macht, und von den übrigen vorzugsweise zwei: „De profundis" (S. 61), welches in Strauß' Verhältnis zu seiner Gattin in rückhaltloser Weise einen noch tieferen Einblick giebt, als die schon in der ersten Auflage mitgeteilten Gedichte, und das Sonett an Franz Lachner (S. 164), welches wir uns nicht enthalten können hier ganz vorzuführen:

An Franz Lachner.

(1868.)

Den Stab, den lange ruhmvoll du geschwungen,
Mit dem, ein Feldherr, du gebot'st den Tönen,
Ihn hat, geschickt im Wühlen, keck im Höhnen,
Dir schnöder Undank aus der Hand gerungen.

---

*) Dieses Sonett ist jetzt neben dem Sonett über die A-dur-Symphonie als Anmerkung 10 zu meinem ersten Aufsatz gedruckt. Siehe Seite 20.

Vom hohen Geiste deiner Kunst durchdrungen.
Nahmst du als Ziel dir vor, zum echten Schönen
Die Sinne wie die Herzen zu gewöhnen:
Und dieses Lebenswerk ist dir gelungen.

Abwehrtest du mit Ernst die trüben Wasser
Der Modekunst, den Schwarm der wirren Geister,
Die uns das Chaos gerne wiederbrächten.

Das schuf dir manchen Neider, manchen Hasser,
Doch eilt die Muse dir dafür, o Meister,
Den vollen Lorbeer in das Haar zu flechten.

Einige kleinere Sachen aus dem Jahre 1873 erlauben wir uns
gleichfalls hier mitzuteilen:

Graf Chambord (S. 188).

Wenn zum Propheten der Berg nicht kommt — so sagte man sonst wohl
Platt und nüchtern — so kommt klüglich zum Berg der Prophet.
Ich bin der echte Prophet: ich rühre mich nicht, und der Berg kommt
(Geht ihm nur hübsch aus dem Weg!) nächstens gehorsam zu mir.

Papalia.
Brief und Antwort (S. 203).

Das alte Waschweib dort mit dreigestufter Haube
Was schreit es aus dem Vatikan?
Die Antwort gibt ihm schon, gekrönt mit deutschem Laube,
Ein kaiserlicher Mann.

Beide Gedichte sind in dem Krankenzimmer geschrieben und liefern
den Beweis, wie Strauß bis zuletzt bei all seinen Leiden regen Anteil
nahm an dem, was in der Welt vorging, an Politik und Kirchen-
kampf, soweit sie die deutsche Nation betrafen.

Gerade an dem heutigen Tage geziemt es sich, ganz besonders
des Verewigten zu gedenken und der Befriedigung darüber Ausdruck zu geben, daß nunmehr auch seine Gedichte gleich seinen
übrigen Werken Gemeingut des deutschen Volkes geworden sind.
Würdiger könnten seine Gesammelten Schriften nicht umrahmt werden,
als durch die „Literarischen Denkwürdigkeiten" als Einleitung und
die Gedichte als Schluß derselben: wie die ersteren uns die innersten
Quellen seiner wissenschaftlichen Thätigkeit aufschließen, so spiegeln die
Gedichte mit einer seltenen Klarheit die intimsten Vorgänge seines
Herzens und die Teilnahme seines ganzen Gemüts an allem, was er
schuf und erlebte, wieder. Die Sammlung seiner Schriften selbst
scheint einen Anklang zu finden, der weit über alles Erwarten, vornehmlich aber und gottlob! über die Erwartungen solcher hinausgeht,
die Strauß — um so lieber, je unbequemer er ihnen mit seiner rück-
sichtslosen und unbemäntelten Wahrheitsliebe war — schon längst (und
zu wiederholtenmalen!) „abgethan" glaubten, und die Manen von

Strauß dürften mit dem Publikum, welchem er ob seines Verhaltens eine zeitlang grollte, wie u. a. aus den „Literarischen Denkwürdigkeiten" und dem kleinen Gedicht „Das lesende Publikum" (S. 162) hervorgeht, und wie wir selbst aus persönlicher Erinnerung wissen, nunmehr versöhnt sein. Mit diesem Gedanken nehmen wir heute, am vierten Jahrestage von Strauß' Tod, Abschied von dem Poetischen Gedenkbuch, indem wir sagen: „Auf baldiges Wiedersehen in neuer, vermehrter Auflage!"   (8. Februar 1878.)

III.

(1878).

David Friedrich Strauß und die Theologie seiner Zeit.

Von Dr. A. Hausrath. Zweiter Teil (Schluß des Werkes).
Heidelberg bei Friedrich Bassermann. 1878.

Dem vor zwei Jahren erschienenen ersten Band der Hausrath'schen
Biographie von D. F. Strauß ist vor kurzem der zweite Band gefolgt
und damit das Werk abgeschlossen. Die Vorzüge des ersten Teils
zeigen sich auch im zweiten, die Darstellung ist fließend, der Ton im
großen und ganzen ein seines Gegenstandes würdiger, es ist ein lesens=
wertes Buch, auch für die Freunde und Verehrer von Strauß, obwohl
diese in manchen wesentlichen Punkten mit Hausraths Urteil nicht
übereinstimmen werden.

Die Bedenken, welche dagegen sprachen, schon jetzt eine Bio=
graphie von D. F. Strauß zu schreiben, hat Hausrath selbst in dem
Vorwort zum ersten Band berührt; wir möchten annehmen, daß sie in
weit höherem Grade vorhanden waren und noch sind, als er zu glauben
scheint. Hat doch einer der ersten Schriftsteller der Gegenwart eine ähn=
liche Erfahrung gemacht: Gustav Freytag mit seinem Leben Karl
Mathys. Der Hauptwert solcher Bücher wird immer darin bestehen,
daß sie Material für eine spätere Zeit geben, in welcher eine objektive
Darstellung erst möglich sein wird. Bei Hausrath kommt aber noch
ein erschwerender Umstand hinzu, der bereits von anderer Seite bei
Besprechung des ersten Bandes, wie wir glauben, mit Recht her=
vorgehoben wurde; Hausrath fehlt nämlich, woraus er selbst kaum ein
Hehl macht, die für einen Biographen nötige Sympathie für seinen
Helden, dessen Leben, Schicksale und Einwirkung auf die Mit= und
Nachwelt er darstellen will. Strauß hat bekanntlich selbst aufs ent=
schiedenste die Unerläßlichkeit dieses Erfordernisses betont und offen er=
klärt, daß hieran die von ihm hauptsächlich auf Gervinus' Zureden in
Aussicht genommene Biographie Luthers gescheitert sei, ebenso wie
anderseits seine entschiedene Sympathie mit Hutten wesentlich zum

Gelingen von deſſen Biographie beigetragen habe. Und doch würde ein
Leben Luthers von D. F. Strauß — trotz Hausraths Bemerkung,
Band 2, S. 223 — ſchwerlich ein zu verachtendes Buch abgegeben
haben, vielleicht ſogar ein noch beachtenswerteres, als Hausraths
D. F. Strauß! Denn, daß Strauß vom Standpunkt des Pro-
teſtantenvereins aus nicht durchweg im richtigen Licht und — ſetzen
wir hinzu — nicht in ſeiner ganzen Größe erſcheinen konnte, iſt nicht
zu verwundern. Aber nicht nur Sympathie, ſondern geradezu Kongenialität mußte nach unſerem Dafürhalten der Mann beſitzen, der es
unternahm, eine Geſchichte von D. F. Strauß und der Theologie
ſeiner Zeit — daß Strauß dieſer den Stempel aufgedrückt hat, räumt
Hausrath ein — zu ſchreiben. Dieſer Mangel tritt aber in dem
zweiten Band noch weit ſtärker hervor, als im erſten. Ganz natürlich,
denn hier kommt die eigene Auffaſſungsweiſe des Verfaſſers, ſein
ſpezieller Parteiſtandpunkt in Betracht und in Mitleidenſchaft, und
daß hierdurch die Objektivität der Darſtellung nicht gewinnen konnte,
iſt klar. Als äußerſt auffallend iſt es zu bezeichnen, daß Hausrath
den l i t e r a r i ſ c h e n   D e n k w ü r d i g k e i t e n von Strauß, deren
Erſcheinen zwiſchen den erſten und zweiten Band ſeines Buches fiel,
ſo wenig Bedeutung beilegt. Während ſelbſt die genaueſten Kenner
von Strauß in dieſem Abriß eine Fundgrube für die tiefere Einſicht
in Straußens Leben und Schaffen und das Muſter einer Selbſtſchau
erkannten, ſind die literariſchen Denkwürdigkeiten für Hausrath kaum
mehr, als das Produkt eines grämlichen alten Mannes (Bd. II,
S. 348). Und dies ſagt ein Biograph von Strauß!

Wir müſſen es uns verſagen, auf alle Abſchnitte des Hausrath'ſchen Buches einzugehen, und uns darauf beſchränken, einzelne
beſonders bemerkenswerte Partien einer Beſprechung zu unterziehen,
wobei wir aber gleichfalls, wie wir ausdrücklich erklären, auf Voll-
ſtändigkeit keinen Anſpruch erheben.

Die ungetrübteſte Freude hat uns das zweite Buch (S. 69
bis 181) bereitet, welches die „politiſche Laufbahn" von Strauß
zum Inhalt hat. In dem erſten und zweiten Kapitel deſſelben
beſpricht Hausrath die kirchlich-politiſchen Zuſtände in Preußen
unter der Regierung Friedrich Wilhelms IV., von deſſen Hoftheologie
er ein klares Bild entwirft, und die Entſtehung von Straußens
Schrift: „Der Romantiker auf dem Throne der Cäſaren". Mit zu-
nehmendem Intereſſe leſen wir das dritte Kapitel: „Parlamentswahl",
welches an der Hand der ſechs theologiſch-politiſchen Volksreden von
Strauß und mit ausführlichen Belegen aus den Zeitungen vom Frühjahr 1848, dem „Ludwigsburger Tagblatt", der „Süddeutſchen Warte",
dem „Heilbronner Neckardampfſchiff" u. ſ. w. die Agitation für und
namentlich wider Strauß und ſeine ſchließliche Niederlage erzählt. Dar-

stellung und Urteil lassen nichts zu wünschen; auch den Theologen,
welche gegen den „Antichrist" Strauß agitierten, wird nichts geschenkt.
Mit eigentümlichem Interesse lesen wir die Notiz, daß die Juden für
Strauß waren, da man nicht sagen kann, daß Strauß jemals für die
Juden war. Nur einmal vergreift sich Hausrath in seinem Urteil.
S. 127 sagt er, daß „Straußens doktrinäre Reden gegenüber
dem populären Prophetenton des Tempelvorstehers eindruckslos
geblieben seien." Vielmehr war gerade dies überraschend und wurde
sofort schon in der damaligen Zeit, wie wir uns sehr gut erinnern, so empfunden, daß Strauß in seinen Kandidatenreden nicht doktrinär war
und sogar einen echt populären Ton anzuschlagen wußte, welchen
niemand dem gelehrten Verfasser des Lebens Jesu zugetraut hatte.
Was aber den Mangel an Eindruck betrifft, so wird das Gegenteil
hiervon durch den Auszug, den Hausrath selbst aus Strauß' fünfter
Wahlrede auf S. 130 giebt, und die hieran geknüpfte Schilderung von
dem Eindruck und Erfolg derselben dargethan. Denn gerade der Erfolg war bei der städtischen Bevölkerung, die allein selbständig
urteilte, für Strauß, und nur das von den Geistlichen aufgehetzte
Landvolk, welches nicht urteilen konnte oder von vornherein sich des
eigenen Urteils begeben hatte, entschied die Wahlschlacht gegen ihn:
letzteres hatte bei der großen Volksversammlung am Ostermontag das
Lokal verlassen, nachdem die Debatte so sehr zu Gunsten von Strauß
verlaufen war, daß, wie Hausrath selbst sagt, der letzte Redner gegen
ihn (ein Geistlicher) von der Rednertribüne hatte abtreten müssen und es
nicht mehr hätte wagen dürfen, ein Wort über Strauß zu sprechen (S. 133).

Nach dem glänzenden Durchfall bei der Parlamentswahl wurde
bekanntlich Strauß von seinen Ludwigsburger Landsleuten als ihr
Vertreter in die württembergische Kammer gewählt. Die Schilderung
seiner landständischen Thätigkeit (Kapitel 4 des zweiten Buchs) ist ein
Glanzpunkt in Hausraths Werk: sie ist beherrscht von einer unum-
wundenen, durch keine Klausel beschränkten Anerkennung, welche den
Leser aufs angenehmste berührt. Mit dem Endurteil Hausraths
S. 177 f. stimmen wir vollständig überein: es ist nicht zu viel gesagt,
wenn Hausrath sich dahin ausspricht, daß dem unbefangenen Leser der
Verhandlungen diese durchaus nicht den Eindruck machen, als ob
Strauß an parlamentarischer Befähigung hinter
irgendeinem der damaligen Matadore zurückgestanden
habe. In der That kann unseres Erachtens noch heutzutage jeder
Liberale von Straußens parlamentarischer Thätigkeit lernen — womit
wir auf ihn selbst anwenden, was Strauß über Hegels Kritik des
württembergischen Landtags von 1815 und 1816 ausgesagt hat.

Daß Strauß selber seine Leistungen als Politiker unterschätzte,
ist bekannt; es lag dies ganz in seiner bescheidenen Art, die, wie

Hausrath richtig hervorhebt, nur sah, was ihm abging, nicht, was er besaß. Nur das trifft nicht ganz zu, daß Strauß „mit melancholischer Kritik (in seinen Literarischen Denkwürdigkeiten S. 20) auf seine Leistungen zurückgeblickt habe" (Hausrath S. 177).

Kann man mit Straußens Verhalten in den politischen Fragen des Jahres 1848 nur übereinstimmen, so gilt nach unserer Ansicht ganz das nämliche auch von der Folgezeit. Gänzlich falsch wäre die Annahme, daß Straußens Interesse an den politischen Zuständen Deutschlands jemals erkaltet sei. Auch sein Urteil über die jeweilige politische Lage und die einzelnen politischen Fragen war stets das gesundeste, und wenn es nicht frei von Irrtümern war, so lag dies in den Verhältnissen und konnte nicht einmal anders sein; denn auch Strauß stand als Laie außerhalb des politischen Getriebes, und es war absolut unmöglich, daß er früher als andere eine Einsicht in die Ziele, welche die Bismarck'sche Politik schon in den Jahren 1863 und 1864 verfolgte, haben konnte. Macht doch selbst der unvergeßliche, wir möchten fast sagen unvergleichliche Karl Mathy kaum eine Ausnahme, dessen Ausspruch: „Herr von Bismarck gefällt mir immer besser" doch auch erst aus der Zeit nach der Entscheidung in Schleswig-Holstein datiert. Wenn daher in der Bemerkung Hausraths S. 346: „Ueber die durchschnittlichen Gedanken des schwäbischen Liberalismus gehen diese Betrachtungen nicht hinaus, und die gegen die Bismarck'sche Politik gerichteten Gespräche hat Strauß später selbst zurückgezogen" ein Tadel liegen soll (und dies ist offenbar der Sinn der Stelle, wie aus dem unmittelbar darauf folgenden Satz: „Um so mehr Ehre macht Strauß die milde Beurteilung seines Königs Wilhelm" unzweideutig hervorgeht), so vermögen wir diesem Urteil nicht beizustimmen. Strauß' politische und unpolitische Gespräche sind fast alle aus dem Jahr 1864 (beiläufig: auch der Aufsatz über den König Wilhelm von Württemberg stammt aus diesem Jahr, zuerst im Augustheft der Oppenheim'schen „Deutschen Jahrbücher" erschienen, nicht erst aus 1865 oder 1866, wie man nach Hausrath S. 346 annehmen muß; ebendaselbst sind auch die Gespräche in den „Deutschen Blättern", den „Preußischen Jahrbüchern" und der „Kölnischen Zeitung" in falscher Ordnung angeführt, in den „Preußischen Jahrbüchern" erschien überhaupt nur ein Gespräch von Strauß und zwar erst im Februar 1867, betitelt „Preußen und Schwaben") — und ihre Bedeutung liegt nach unserem Dafürhalten gerade darin, daß sie der adäquate Ausdruck der Auffassung sind, wie wir sie zu jener Zeit, in dem Jahre der Peripetie, wie wir das Jahr 1864 nennen möchten, von den politischen Verhältnissen überhaupt und der Bismarck'schen Politik insbesondere haben mußten und gar nicht anders haben konnten. Man vergleiche den Aufsatz von Ludwig Häusser „Sylvesterbetrachtungen aus

Süddeutschland" in dem Januarheft der „Preußischen Jahrbücher" 1865
und selbst den Aufsatz von Heinrich von Treitschke über Ein=
heitsstaat und Bundesstaat in seinem ersten Abdruck. Erst in dem
zweiten Abdruck und dem Aufsatz im Februarheft der „Preußischen
Jahrbücher" 1865, der die Erwiderung an Häusser bildet, sprach sich
Treitschke anders aus, mit ausdrücklicher Desavouierung einer ent=
scheidenden, von Häusser zitierten Stelle aus dem ersten Abdruck. Aber
bei Treitschke hatte die etwas frühere Erkenntnis der Ziele der Bis=
marck'schen Politik unstreitig ihren besonderen Grund: zu seiner aller=
dings entschieden divinatorischen Begabung kam der Umstand, daß er,
wie wir nicht anders annehmen können, Informationen von einer
höheren Stelle erhalten hatte. Und trotz alledem bewegte sich auch
seine Auffassung eben in dem zitierten Aufsatz der „Preußischen Jahr=
bücher" auf dem Standpunkt des Wünschens. Was aber Strauß
betrifft, so erinnern wir uns ganz genau, daß er Treitschke entschieden
zustimmte und zwar im Gegensatz zu Häusser, also frühzeitig in
das rechte Fahrwasser kam.

Wie richtig Strauß im Jahre 1866 schon vor dem Ausbruch
der Feindseligkeiten die Sachlage beurteilte, und mit welcher Ent=
schiedenheit er gegen die österreichisch=bundestäglichen Bestrebungen auf=
trat, ist ziemlich allgemein bekannt: die in der „Kölnischen Zeitung"
veröffentlichten Gespräche enthalten die besten Belege hierfür. Nach
dem Eintritt der Katastrophe aber hat er in dem bereits erwähnten
Aufsatz des Februarheftes der „Preußischen Jahrbücher" von 1867
„Preußen und Schwaben" die allein berechtigte Auffassung so klar und
erschöpfend in musterhafter Weise dargestellt, daß hierüber kein Zweifel
bleiben konnte. Hausrath würde unseres Erachtens besser gethan haben,
auf diese zuletzt erwähnte (von ihm in Bausch und Bogen auf S. 346
mit anderen Gesprächen zusammen genannte) Publikation genauer
einzugehen, anstatt sich kühl mit kaum verhehlter Antipathie gegen den
damaligen Strauß, den Bekämpfer der „liberalen Theologie", über
dessen politische Auffassung zu äußern, von der er nichts weiter zu
sagen weiß, als den zitierten Ausspruch auf S. 346. Zum min=
desten hätte Hausrath ein „begreiflich" oder „natürlich" oder „wie
damals nicht anders möglich war" oder etwas ähnliches hinzusetzen sollen.

Um so ungeteiltere Anerkennung erfährt durch Hausrath, wie
dies nicht anders denkbar war, Straußens Briefwechsel mit
Renan nach den ersten Schlägen des deutsch=französischen Kriegs
(S. 353 f.).

Bei der Neugestaltung der politischen Verhältnisse war es nun=
mehr — so sollte man denken — eine Ehrenschuld des deutschen Volkes,
den Verfasser der beiden Sendschreiben an Renan, in denen derselbe soeben
der einmütigen Gesinnung und Stimmung der Nation den treffendsten

und schönsten Ausdruck gegeben, denselben Mann, der bei der Parlamentswahl des Jahres 1848 unterlegen war, dann als Landtags-Abgeordneter in Stuttgart unter beschränkteren Verhältnissen sich so gehalten hatte, daß man sagen mußte: er war der rechte Mann auf dem rechten Platze, — diesen Mann als einen seiner ersten Vertreter in den ersten deutschen Reichstag zu wählen. Es kam nicht dazu. Strauß that selbst, wie bei ihm begreiflich war, nichts dafür, und seine Freunde (sein Briefwechsel wird hierüber vielleicht einiges enthalten) fanden nicht die Handhabe, ihn, den leider heimatlos gewordenen, einem Wahlkreis zu präsentieren. Daß der erste deutsche Reichstag von 1871 dadurch einer seiner ersten Zierden verlustig gegangen, wird nach allem bisherigen nicht leicht von jemandem bestritten werden. Daß seine Freunde bei ihrem Bestreben zugleich auch von dem Wunsche geleitet wurden, Strauß in eine, wenn auch blos zeitweilige, praktische Thätigkeit zu bringen, soll hier nur nebenbei bemerkt werden.

Wie Strauß bis zuletzt, bis zu seinem Tode, die Teilnahme an den politischen Vorgängen nicht verlor, ist aus Hausrath S. 387,[*]) sowie auch aus dem poetischen Gedenkbuch ersichtlich. —

Ein anderes, sehr lesenswertes Kapitel in Hausraths Buch betrifft ein privates, genauer das privateste Verhältnis: Straußens Ehe, über welche zum erstenmal ein reicheres Material allgemein zugänglich gemacht wird (S. 33—65). Hausrath urteilt durchweg objektiv, indem er alle Indizien pro und contra hervorhebt, und hütet sich mit Recht, ein Verdammungsurteil nach einer von beiden Seiten zu fällen. Nur in e i n e m Punkt und zwar in einem entscheidenden, scheint er uns der erforderlichen Schärfe des Urteilens zu ermangeln. Vor dem Eingehen der Ehe vindiziert Hausrath Straußens späterer Gattin die verständigere Auffassung: „daß sie in der That bei der Entwicklung dieses Verhältnisses der überlegenere und verständigere Teil war, steht außer Zweifel" (S. 38). Wir sind weit entfernt, dies zu bestreiten. Allein was folgt daraus? Doch nicht, daß sie seiner Werbung nachgeben sollte? Dies war überhaupt nur unter e i n e r Bedingung geboten, nämlich dann, wenn sie Liebe oder doch „etwas wie Liebe" zu ihm empfand. Hiervon findet sich aber in der ganzen Darstellung von Hausrath und auch sonst keine Spur, und damit, daß Hausrath diese Frage ganz unberührt läßt, übergeht er unseres Erachtens den wesentlichsten Punkt, auf den es v o r dem Schließen des Ehebundes ankam. Steht es aber fest, daß bei ihr nichts von Liebe im Spiel war, so

---

[*]) „Aber die Reichstagseröffnung am 5. Februar 1874 interessierte ihn noch lebhaft: „„Das sind Hauptsachen, schrieb er (das letzte Wort von seiner Hand, drei Tage vor seinem Tod), wogegen unsere kleinen Schmerzen verschwinden."" „„Der alte Herr, äußerte er vom Kaiser, sieht jetzt den Kirchenstreit an wie einen Feldzug.""

ist es für uns unzweifelhaft (und Hausrath wird keine andere Auf=
fassung von der Ehe haben), daß das erste Unrecht auf ihrer Seite
war. Damit stimmt die Stelle in dem S. 48 mitgeteilten Brief der
Frau Kauffmann: „Mit einem Wort, es zeigt sich, daß sie nie Liebe
für ihn hatte.“ Und wenn wir weiter nach den Motiven fragen,
welche die gefeierte Sängerin zum Eingehen auf Straußens Werbung
bestimmten, so finden wir bei allem Suchen kein anderes, als das in
einem Briefe von Frau Kauffmann erwähnte, in welchem diese, wie
Hausrath S. 43 wörtlich sagt, die 29 Jahre alte Sängerin beschul=
digt, den schwäbischen Gelehrten zu heiraten, weil ihre Laufbahn sich
abwärts neige, „damit ihr bald erlöschender Ruhm sich an seinem
wieder entzünde.“ Daß anderteils der Haupt irrtum auf Straußens
Seite war, unterliegt keinem Zweifel: es kann dies nicht treffender
bezeichnet werden, als es von seiner Frau selbst geschehen: „daß seine
Neigung ein Rappel gewesen“, wie wir aus einem Briefe der Frau
Kauffmann ersehen (S. 48 bei Hausrath). Aber wenn in eben dem=
selben Brief die treffliche Frau Kauffmann, wie sie Hausrath mit Recht
nennt, sagt, daß in der ganzen Welt alle Männer von ihren Frauen
erwarten, „daß sie von ihnen vergöttert werden“, so muß man es doch
füglich Strauß zu gut halten, daß er in dieser Beziehung keine —
Ausnahme machen wollte! Straußens „Eigenheiten“ zu leugnen, wird
niemandem einfallen, der ihn kannte; er konnte „eigen“ sein bis zur
Rücksichtslosigkeit, allein er war auf der anderen Seite auch wieder so
leicht zu behandeln, wie ein Kind, und das tragische Schicksal seiner Ehe=
schließung bestand leider darin, daß seiner Gattin die Gabe, ihn zu
behandeln, ganz und gar abging. (Man vergleiche auch hierüber den
Brief der Frau Kauffmann, S. 48.)

Im übrigen ist der Auffassung und Behandlung dieses delikaten
Themas durch Hausrath einfach zuzustimmen, und es wäre vielleicht
nur noch bestimmter zu betonen, daß der Beurteilung aller Eheverhält=
nisse durch dritte ein „non satis liquet“ voranzusetzen ist. Dagegen
hätten wir gewünscht, daß die Bemerkung über Straußens Ehe auf
S. 370 weggeblieben wäre: sie paßt nicht zu der sonst würdigen
Darstellung Hausraths. —

Wir wenden uns jetzt, indem wir alles übrige, so interessant es
auch ist, und so sehr es zu einer Besprechung einladet, unberührt
lassen, zu den beiden letzten Büchern, dem „Kampf gegen den kirch=
lichen Liberalismus“ und den „letzten Bekenntnissen“. Wenn Haus=
rath sein Urteil über Straußens publizistische Thätigkeit dem kirch=
lichen Liberalismus gegenüber dahin abgiebt, daß diese „die unglück=
lichste Aktion des großen Kritikers“ gewesen sei (S. 291), so wollen
wir von vornherein ebenso offen bekennen, daß wir die Darstellung
dieser Partie für die schwächste in dem ganzen Werke Hausraths halten,

Hier entschwindet Hausrath der objektive Standpunkt, den er sich bis= her mit geringen Ausnahmen gewahrt hat, immer mehr, und auf ihn selbst ist anzuwenden, was er bei Strauß in unbegreiflicher Weise als den alleinigen Entstehungsgrund nicht bloß der Streitschrift „die Halben und die Ganzen", sondern sogar des „alten und neuen Glaubens" angiebt: die pathologische Erklärung aus persönlicher Ver= stimmung und aus Parteiverblendung. Denn so viel wird jedermann klar sein: wenn man so weit geht, bei einem Charakter und einem Schriftsteller wie D. F. Strauß die Entstehung seiner sämtlichen Schriften nach dem neuen Leben Jesu, also seit 1864*), ledig= lich auf persönliche Beweggründe zurückzuführen, und sich sogar nicht scheut, Strauß die vielfach fälschlich, wie Hausrath meint, an ihm bewunderte Konsequenz abzustreiten (S. 393 und 394), so urteilt man nicht mehr objektiv, sondern von Partei=Einseitigkeit ge= blendet. Hausrath begegnet hier die auch sonst häufig vorkommende, aber hier doch gar zu auffällige Verwechslung der äußeren Anregung mit dem Wesen der Sache. Wenn auf irgend jemanden der Satz anzuwenden ist: „Nach dem Gesetz, wonach du angetreten" u. s. w., so ist es wahrlich Strauß. Wer — um nur das hauptsächlichste hervorzuheben — die Uebereinstimmung des „alten und neuen Glaubens" des Jahres 1872 mit der „Glaubenslehre" der Jahre 1840 und 1841 nicht zugesteht und zwischen beiden Büchern wesentliche Wider= sprüche oder einen wesentlichen Unterschied findet, von dem kann man eigentlich doch nur annehmen, daß er mindestens eines von beiden Büchern nicht gelesen haben müsse.**) Damit ist natürlich nicht gesagt, daß alles einzelne in Strauß' letztem Werke die notwendige Kon= sequenz seines früheren Werkes sein muß, sowie daß bei Strauß allein, was bei allen Menschen und bei allen Schriftstellern nicht bloß zutrifft, sondern naturgemäß der Fall sein muß, nicht der leiseste Widerspruch vorkommen darf.

Für völlig unzulässig ist es aber zu erklären, wenn Hausrath zu dem Zweck, Widersprüche bei Strauß nachzuweisen, auf S. 362 f. Stellen aus einer Schrift zitiert (auffallenderweise, ohne diese zu nennen), welche Strauß selbst aufs entschiedenste desavouiert hat, den „Friedlichen Blättern" aus dem Jahre 1839, die Strauß (beiläufig: keineswegs in Uebereinstimmung mit unserem Urteil, namentlich die

---

*) Hausrath geht sogar noch weiter: auch die „Glaubenslehre" der Jahre 1840 und 1841 ist „im Zorn" entstanden. Seite 42 und 43.

**) Aehnlich spricht sich Julian Schmidt in seiner Beurteilung von Haus= rath's Buch in der „Nationalzeitung" vom 16. Juni 1878 aus: „Der materielle Inhalt von Straußens Weltanschauung hat sich in dieser Periode (von 1839 bis 1872) wenig geändert" Und: „Ich finde den Gegensatz gegen seine frühere Ueber= zeugung nicht so auffallend."

Vorrede erscheint uns noch heute sehr beachtenswert) das schwächste zu nennen pflegte, was er überhaupt geschrieben habe.

Hausrath erklärt doch in seinem e r st e n Bande die Schwankungen bei Strauß in den verschiedenen Auflagen seines „Lebens Jesu" (namentlich der dritten vom Jahr 1838) in erster Linie aus seiner wissenschaftlichen Entwicklung und nur „teilweise" aus seiner Stimmung und aus äußeren Verhältnissen. Freilich hatte Strauß damals noch nicht seine Streitschrift gegen S ch e n k e l geschrieben und Hausrath fühlte noch keinen Beruf, die Gründe anderswo, als in der Sache selbst, zu suchen. Jetzt dagegen erscheint Hausrath auf einmal Straußens ganze Entwicklung fast nur als ein Produkt des Z u f a l l s. Hausrath sagt wörtlich S. 355: „Strauß ist stets in seinen Produktionen a b h ä n g i g gewesen von der wissenschaftlichen Umgebung, in der er lebte, und von der Lektüre, mit der er sich abgab." Unbegreifliche Verwechslung von äußerer Anregung und innerer Entwickelung. Und S. 356: „Justinus Kerner, Hegel, Feuerbach, Baur haben ihn in den verschiedenen Stadien seines Lebens i n s p i r i e r t." Angeregt, ja! aber nicht inspiriert.

Allein selbst mit den Anregungen hatte es, wie wir ausdrücklich bemerken wollen, bei Strauß seine Grenzen. Derjenige kennt Strauß gar nicht, der da meint, er habe seine Hauptwerke in Folge äußerer Anregung geschrieben; dies gilt höchstens von einigen kleineren Sachen. Gerade das Gegenteil war der Fall: wozu er keinen inneren Drang empfand, dazu war er durch keine Anregung von außen zu bewegen, gleichviel von wem solche kommen mochte. Wir könnten viele Belege hierfür anführen, beschränken uns aber auf weniges. Als Strauß im Sommer des Jahres 1857 seinen Hutten vollendet hatte, wurde er von verschiedenen Seiten (u. a. von dem inzwischen verstorbenen Obermedizinalrat Pfeufer in München) angegangen, nun doch eine Biographie Goethes zu schreiben. Strauß verhielt sich entschieden ablehnend. Mit keinerlei Argumenten konnte man ihm beikommen. Seine stereotype Antwort war: „Hierzu fühle ich k e i n e n B e r u f, wenigstens bis jetzt nicht, oder: in Goethe lebe ich für mich, zu meinem Vergnügen, zu meiner Erbauung."*) Ablenkend verwies er dann auf S ch ö l l in Weimar als den genauesten Goethekenner, wenn man zu wiederholtenmalen den Versuch machte, ihn zu bestimmen, und ihm vorhielt, wie nötig ein solches Werk gerade jetzt sei, da das Leben Goethes von L e w e s mit dem halsbrechenden Titel seines ersten Kapitels („Das Kind ist des Mannes Vater!") als ausländisches Gewächs in Deutsch-

---

*) Vergl. jetzt Straußens Brief an Vischer vom 18. Juli 1863, Nr. 456 in der von Zeller herausgegebenen Briefsammlung S. 465: „Bin ich damit [mit dem neuen Leben Jesu] fertig und habe noch etwas Arbeits- und Unternehmungslust übrig, so wäre freilich, wie Du schreibst, Goethe ein schöner Gegenstand. Allein dieses Weges werde ich — außer genießend, schwerlich mehr kommen."

land eine leider nicht ungewöhnliche Ueberschätzung erfuhr*); Schöll, meinte er immer wieder, habe das Zeug zu einer Goethebiographie, er nicht.

Und ferner: ersieht denn Hausrath nicht aus den Literarischen Denkwürdigkeiten, wie lange Zeit Strauß gebraucht hat, um den ihm wegen der Schwierigkeit der Aufgabe begreiflicherweise schwer gewordenen Entschluß zur Ausarbeitung des „alten und neuen Glaubens" zu fassen? Auch hierzu hat es an Anregungen seitens seiner Freunde nicht gefehlt, sie blieben aber lange wirkungslos. Seit Straußens Rückkehr zur Theologie vermittels der Vorrede zu seinem Hutten 3. Teil (Gespräche) im Jahre 1860 unterließen seine Freunde es nicht, ihn um die alsbaldige Abfassung eines „Vademecums der modernen Welt= anschauung" zu bitten (von einer Seite war Briefform dafür vorge= schlagen) — woraus beiläufig ersehen werden mag, daß Straußens „Wir", sein „fragwürdiges Publikum", wie Hausrath S. 360 meint, doch nicht bloß in der Idee leben. Wir erinnern uns ganz genau, daß damals nicht ohne Geschick an gelegentliche Aeußerungen von Strauß einesteils über seine Schlußabhandlung des „Lebens Jesu" und andernteils über die im Buchhandel nicht mehr vorrätige „Glaubens= lehre" angeknüpft wurde. Strauß verhielt sich hier lediglich aus dem Grunde nicht auf die Dauer ablehnend, weil die äußere Anregung hier mit seiner eigenen Neigung**), welche nur die Unüberwindlichkeit der Schwierigkeiten fürchtete (wahrlich nicht mit Unrecht, worin Straußens Freunde mit seinen Gegnern übereinstimmen), zusammentraf. In einem solchen Falle war ihm eine Anregung erwünscht, im entgegen= gesetzten wurde er unangenehm davon berührt und gab inständiger in ihn Dringenden leicht zur Antwort: „dies müsse er besser verstehen."

---

*) Vergl. die Stelle in Straußens Brief vom 3. Dezember 1857 an Vischer (Nr. 350 der Zeller'schen Sammlung S. 376): „Ich ärgere mich so über das ächt deutsche Gerede, daß erst ein Engländer, Lewes, ein lesbares Leben Goethe's ge= schrieben habe."

**) Vergl. den bereits erwähnten Brief vom 18. Juli 1863 an Vischer (Zellers Sammlung Nr. 456, S. 465), in dem es heißt: „Was ich machen möchte, ja eigent= lich für Schuldigkeit halte, daß es einer von uns macht, das ist eine Moral oder vielmehr eine populäre Glaubens= und Sittenlehre; denn wenigstens die Punkte von Gott und Unsterblichkeit müßten notwendig auch darin zur Sprache kommen. Wir sagen immer, wir wollen die Moral nicht aufheben, denn, was für den Frommen aus dem Glauben, das ergebe sich für uns aus dem Wesen des Menschen selbst als Pflicht; allein wenn man mich heute beim Wort nähme, so käme ich in keine kleine Verlegenheit, da dieser Zusammenhang für uns doch weit mehr erst im Gefühl und Instinkt, als im klaren Denken vorhanden ist. Insofern ist es zunächst ein eigenes Bedürfnis, das ich mit einer solchen Arbeit befriedigen würde; und auf jeden Fall werde ich, sobald ich arbeitsfrei bin, einmal in der neueren anthropologisch= moralischen Litteratur eine Umschau halten."

So Strauß schon im Jahre 1863. Sein „Bekenntnis", „der alte und der neue Glaube," erschien bekanntlich 1872.

Und wie langſam arbeitete ſich nun ſeit dem Jahre 1860 in Strauß der Gedanke durch, bis er allmählich Geſtalt gewann! Im Sommer 1869 war Strauß ſo weit, daß er hocherfreut einem Freunde*) die Mitteilung machte, er habe jetzt den Titel zu dem Buche gefunden: er wolle es „den alten und den neuen Glauben" nennen; aber an der Ausführung ſelbſt zweifelte er noch. Weshalb wir dies alles hier anführen? Nun, einfach deshalb, damit erſichtlich wird, daß auch die letzten Werke von Strauß gleich ſeinen erſten nicht aus einer äußeren Veranlaſſung, wie Hausrath meint, ſondern aus eigenem Drang und aus innerer Notwendigkeit entſprangen. Aber, wird Hausrath ein= wenden, nicht die Anregungen ſeiner Freunde ſollen die Richtung von Straußens literariſcher Thätigkeit beſtimmt haben, ſondern die Ver= hältniſſe, in denen er lebte und die ihm nahe gingen. Nun, hiergegen läßt ſich freilich kein Gegenbeweis führen, daß ſich dies abſolut nicht ſo verhalten habe; es läßt ſich nur nachweiſen, daß Strauß ſtets aus innerem Drang geſchrieben hat, und daß die denkbar mächtigſten An= regungen von außen, diejenigen durch ſeine Freunde, keinen beſtimmenden Einfluß auf ihn ausgeübt haben. Einen Beweis für ſeine Behauptung wird aber Hausrath ſchwerlich ernſtlich geliefert zu haben glauben: alles, was er vorbringt, beſchränkt ſich auf Schilderungen äußerer Verhältniſſe und innerer Stimmungen bei Strauß; den Schluß, den er hieraus zieht, wird nicht leicht jemand mit ihm ziehen.

Und auch über den Inhalt von Straußens letztem Buch möge ſich Hausrath beruhigen: welches der weſentliche Inhalt des neuen Glaubens ſein, worin das Facit beſtehen würde, dies ſtand für Strauß ſchon im Jahre 1860 und ſelbſt früher feſt (nur das „Wie?" machte ihm zu ſchaffen) und iſt ebenſowenig, wie die Entſtehung des Buches erſt durch die laue Aufnahme des zweiten Lebens Jeſu und durch den Kampf mit dem kirchlichen Liberalismus (wie Hausrath meint), an den Strauß im Jahre 1860 und in den nächſtfolgenden Jahren noch gar nicht dachte, veranlaßt oder beeinflußt. Damit aber unſere Leſer nicht etwa meinen, wir polemiſierten gegen etwas, was Haus= rath nicht ſo beſtimmt ausgeſagt habe, führen wir des letzteren Aus= ſpruch von S. 257 wörtlich an: „Auch hier erklärt ſich der Wechſel des Programms aus den Erfahrungen, die Strauß machte, aber es ſind auch dieſesmal höchſt perſönliche Erlebniſſe geweſen, die ihn zu ſeinem „neuen Glauben" bekehrten."

Eine ſolche Erklärung hat jedenfalls den Vorzug der Neuheit. Ein Werk, das Strauß zwölf Jahre in ſich trug, das, wie wir an=

---

*) Nämlich dem Verfaſſer dieſes Aufſatzes bei Gelegenheit eines Beſuchs in Darmſtadt.

deuteten, langsam und Schritt für Schritt reifte*), das Strauß mit seinem Herzblut geschrieben, das er bei der Uebersendung an einen Freund mit den Worten begleitete, „er habe das Bekenntnis abgelegt, welches der Gott ihm abzulegen geboten" — — ein solches Werk soll nach Hausrath das Produkt „höchst persönlicher Erlebnisse" gewesen sein!

Und ebenso falsch ist, wie gleichfalls aus der Entstehungs= geschichte des „alten und neuen Glaubens" hervorgeht, was Hausrath später (S. 358) sagt: „Daraus aber, daß es ihm doch weit mehr um die Zerstörung der alten, als um Aufbau der neuen Welt= anschauung zu thun war, erklärt es sich, daß er die ganze erste Hälfte seines Buchs der Kritik des alten Glaubens widmet."

In dem „Rückblick" am Schluß seines Werkes geht aber Haus= rath noch weiter, indem er diese neueste Erklärungsart für die Ent= stehung der Straußischen Werke auch auf dessen frühere Perioden an= wendet. Es heißt daselbst S. 393 wörtlich: „Daß eine innerlich so unruhige und unbefriedigte Seele, ein so reizbares Gemüt, auch schrift= stellerisch nicht wohl das Urbild der kalten, eisigen (?) Konsequenz, des ebenso trockenen als unbestochenen Wahrheitssinns, der unerbittlichen Folgerichtigkeit sein konnte, versteht sich von selbst. Dazu war Strauß schon viel zu leidenschaftlich. Die einzelne Schrift mag jenen Eindruck machen, die Entwicklung im ganzen beschreibt die wunderbarste Spirale. Aus der Mystik der romantischen Schule springt Strauß zum Ratio= nalismus der Hegel'schen über.

Ueber die selbstmörderische Wirkung seines Lebens Jesu belehrt, macht er die Konzessionen der dritten Auflage, des „Züricher Send= schreibens" und der „Friedlichen Blätter". Als die Hoffnung auf eine Lehrthätigkeit dennoch scheitert, arbeitet er im Zorn die Hegel'sche Rekonstruktion der Glaubenslehre zu einer Auflösung derselben um. Dennoch plaidiert er nach dem Sieg des Liberalismus für eine liberale Kirche und beteiligt sich später, einer neuen Zeitströmung folgend**), an den Versuchen, ein positives Bild des Lebens Jesu zu gewinnen.

---

*) Vergl. Straußens Inschrift auf die 1. Auflage vom „alten und neuen Glauben" (Poet. Gedenkbuch, Familienausgabe S. 199, Ges. Schr. XII, 181):

Flüchtig scheint es hingesprochen;
Flüchtig ist es nicht gemacht:
Ausgeführt in so viel Wochen,
Als in Jahren durchgedacht.

**) Doch vielmehr sich selber folgend: Strauß trat einfach in die Fußtapfen seines ersten Werks, indem er zu ergänzen suchte, was dort gefehlt hatte, überzeugte sich aber bald von der Unzulänglichkeit dieser Versuche und ließ aus diesem Grunde von ihnen ab, nicht aus „persönlicher Enttäuschung", wie Hausrath meint. — Straußens Spott richtete sich wesentlich gegen etwas Anderes, als gegen die Versuche, aus der spärlichen Ueberlieferung ein Bild von Jesus zu entwerfen; hierüber genügt es, einst= weilen auf die „Halben und die Ganzen" zu verweisen.

Aber vom Erfolge persönlich enttäuscht, sehen wir ihn alsbald über-
volle Schalen des Spottes auf den theologischen Liberalismus aus-
schütten und die eben mitgemachten historischen Versuche als Humbug
verhöhnen. Ja, so sehr ist er gestoßen von seiner eigenen Repulsion,
daß er, von den Theologen geärgert, zu guterletzt von der idealistischen
Tradition seines ganzen Lebens abspringt und eine vierzigjährige
idealistische Laufbahn mit dem jähen Uebergang zum Materialismus
beschließt. Aber wunderlich genug, während er an seinem materialistischen Bekenntnis arbeitet, schreibt er gleichzeitig in sein Tagebuch:
„„Hätte man mich in meinem theologischen Beruf gelassen, so glaube
ich sicher, daß es mir gelungen wäre, nach und nach alle Quelladern
meines Talents in jenes Bette zu leiten."„
Also selbst jetzt noch das Geständnis, daß bei anderer Behandlung
er auch in Sachen der Religion (?) ein anderer (?) sein würde, und daß er
unter die Materialisten geraten, wie Karl Moor unter die Räuber. Wenn
dessenungeachtet nicht wenige in Strauß das Urbild der kalten, folge-
richtigen Konsequenz sehen, dessen geistige Entwicklung vor sich ging,
so logisch wie ein dialektischer Prozeß, so beruht dies auf Unkenntnis
seines Lebens. Wir haben gesehen, wie alle Hauptentscheidungen seiner
schriftstellerischen Thätigkeit durch momentane Verhältnisse mit bedingt
waren, und wie gerade seine radikalsten Auslassungen absolut nur Ver-
stimmungsprodukte gewesen sind und zuweilen Produkte ziemlich rasch
vorübergehender Verstimmungen."
Eine einseitigere Auffassung kann man sich schwerlich denken.
Was ein einzelnes Moment war, hält Hausrath für die ganze Sache.
Nur einmal, gegen Schluß der zitierten Stelle, setzt er vorsichtig
„mit" zu „bedingt" hinzu; allein dieses „mit" paßt nicht zu seiner
ganzen Darstellung und gehört im Sinne derselben gestrichen.
Also „im Zorn (soll nach dem Zusammenhang wohl soviel heißen
wie: aus Zorn) arbeitete Strauß die Hegel'sche Rekonstruktion der
Glaubenslehre zu einer Auflösung derselben um." Glaubt denn Hausrath wirklich, daß der Inhalt der Strauß'schen Dogmatik, die Bilanz
(wie Strauß selbst sich in der Vorrede zu derselben ausdrückt) lediglich
ein Resultat von Straußens Stimmung gewesen sei?! Die Tonart wurde durch seine Stimmung oder vielmehr Verstimmung angegeben, aber nicht der Inhalt, und daß die Tonart der Dogmatik
allerdings sehr in dur ging, dafür möge sich Hausrath und mögen sich
alle Vermittelungstheologen bei denen bedanken, die Strauß so
arg mitgespielt hatten.
Ueber den „Uebergang zum Materialismus" wollen wir uns
später äußern, über den „Mangel an Konsequenz" haben wir dies schon
oben gethan, gedenken aber auch auf diesen Punkt nochmals zurückzukommen.

Wir glauben, daß aus dem Gesagten hervorgeht, wie Hausrath selbst pathologisch urteilt, indem er das Entstehen der Straußischen Werke aus pathologischen Gründen zu erklären sucht: während er nicht begreifen kann, daß Strauß aus anderen, als persönlichen oder Stimmungsgründen gegen den kirchlichen Liberalismus auftritt, verhält er sich selbst pathologisch unter der fortdauernden Einwirkung des Verdrusses, den er über Straußens Auftreten in dieser Angelegenheit empfunden hat. Und doch giebt Hausrath an einer anderen Stelle (S. 333) zu, daß man an Straußens Kritik des kirchlichen Liberalismus „manches begründet finden könnte"; „aber" — fügt er hinzu — „was sollte für die Sache der Freiheit in diesem Momente bei einer solchen Satire herauskommen?"

Hausrath bestreitet also, kurz gesagt, die Opportunität von Straußens Angriff gegen den kirchlichen Liberalismus. Hierüber kann man nun allerdings verschiedener Meinung sein. Wir sind nicht abgeneigt, die Opportunität von Straußens Auftreten zu verneinen*)

---

*) N. B. Strauß sagt übrigens ausdrücklich („Der Schenkel'sche Handel in Baden", Beilage zum „Christus des Glaubens" u. s. w. Seite 225, Band 5 der Ges. Schr. S. 138', daß man sich des Ausgangs der Sache als eines Sieges, den das Prinzip der Lehrfreiheit errungen, auf jeden Fall zu freuen habe, und wirft nur die Frage auf, ob auch der Anlaß dieses Kampfes und Sieges der rechte gewesen, ob gerade die Schenkel'sche Schrift verdient habe, in solcher Art verfochten zu werden, und welches Licht es auf die Kämpfer werfe, daß eben diese Schrift und ihr Verfasser sie zu solchem Kampfe begeistern mochten.

Ferner sagt Strauß in seiner Streitschrift „Die Halben und die Ganzen" S. 38 f. (Band 5 der Ges. Schr. S. 174): „Ich habe gleich anfangs den dermaligen Oberkirchenrat um seiner Entscheidung in der Sache willen gelobt, wie ich es jetzt als einen verhängnisvollen Fehler beklagen würde, wenn er oder die Regierung, dem Andrange der Gegner nachgebend, Herrn Schenkel fallen lassen wollte. Darum bleibt es aber doch ein Uebelstand, daß jene Prinzipienfrage gerade mit der Person und Sache dieses Mannes zusammenfällt. Ich bin nicht gemeint, die Dienste zu leugnen, die derselbe im Laufe der letzten Jahre der Kirchenfreiheit in Baden geleistet hat, oder den freisinnigen Männern dieses Landes zuzumuten, sie hätten so tüchtige Lungen, so eifrige Arme, einen so anschlägigen Kopf und eine so geschwinde Feder, die sich ihnen darboten, zurückweisen sollen. Darum bleibt es aber doch ein Unglück, daß kein anderer Mann auf dem Platze war, der die erste Stelle in dem Kampfe würdig hätte ausfüllen können; daß man diese erste Stelle einem Manne überlassen mußte, der für dieselbe wohl etwa das praktische Geschick, aber weder den geistigen noch den sittlichen Gehalt besaß. Frage man herum bei den Verteidigern dieses Mannes, wenn sie unter sich sind und reden, wie es ihnen um's Herz ist, ob nicht Alle wie Einer im Stillen wünschen, es möchte ein Anderer an seinem Platze stehen und von jeher gestanden haben? ob der Mann, den sie aufrecht zu erhalten aus allen Kräften streben, nicht doch zugleich für Alle eine Verlegenheit ist? In politischen Dingen mag es leider an dem sein, daß man nicht weit kommen würde, wenn man es in der Sichtung der Mitwirkenden allzu genau nehmen wollte; obwohl auch da der Unsegen nicht ausbleibt, wenn nicht mindestens die Hauptpersonen tadelfreie Männer sind. Noch weit unerläßlicher ist dies in religiösen Dingen, in dem Kampfe, der die Geister, indem er sie aus den Ketten des Wahnes befreit, und stimmen hierin den von Hausrath zitierten Aussprüchen Friedrich Vischers bei, dem wir uns übrigens auch in anderen von Hausrath nicht zitierten Punkten anschließen; Vischer stand mehr im praktischen Leben, als Strauß, und deshalb sind seine Urteile über praktische Lebensfragen meistens richtiger, als bei diesem. Wir behaupten aber weiter, daß diese Frage der Opportunität gar nicht die Bedeutung hatte, die ihr Hausrath beilegt. Wo sind denn die praktischen Folgen von Straußens Eingreifen in den badischen Kirchenstreit? Wieso hat er denn in Wirklichkeit „der Reaktion solche Dienste geleistet?" Das Ganze reduziert sich auf einige anerkennende Artikel Hengstenbergs, bei denen man doch nur risum teneatis ausrufen kann. Allerdings: Strauß hätte möglicherweise der Reaktion durch sein Auftreten gegen den kirchlichen Liberalismus Dienste leisten können. Diese Möglichkeit wird niemand bestreiten. — Inwiefern der ausbrechende Schleswig-Holstein'sche Handel, wie Hausrath S. 326 meint, für Baden eine ablenkende Wirkung gehabt habe, vermögen wir nicht zu beurteilen; für Preußen steht fest, daß die politischen Ereignisse des Jahres 1864 keine Spur von Einfluß auf die inneren und speziell die kirchlichen Verhältnisse ausgeübt haben; nicht einmal das Jahr 1866 hat den Kultusminister v. Mühler verdrängt, und die sämtlichen annektierten Provinzen haben noch geraume Zeit die Segnungen seines Regiments in vollem Maße genossen.

Hausrath thut aber, als ob die Augen von Europa oder wenigstens von ganz Deutschland auf den badischen Kirchenstreit gerichtet gewesen seien; andere waren im Gegensatz hierzu der Ansicht, es sei nur ein Sturm im Glase Wasser — die Wahrheit mochte in der Mitte liegen. Hausrath ist Badenser. Es gehört aber bekanntlich seit lange her zu den Eigentümlichkeiten dieser vorgeschrittensten unter den kleinstaatlichen Deutschen, die Bedeutung der Vorgänge in ihrem engeren Vaterland zu überschätzen. In Wirklichkeit haben weder in der Politik (mit Ausnahme der Thätigkeit der zweiten Kammer in den vierziger Jahren, vor 1848) noch im Kirchenstreit einschließlich des Konkordatsstreites die Vorgänge im südwestdeutschen Kleinstaat die Bedeutung gehabt, die ihr der badische Patriotismus zuschreibt: maßgebend war in Politik und Religion (leider! mußte man früher sagen), was in Preußen vorging, als in einem wirklichen Staat, der eine Macht repräsentiert. Das Verdienst vielfacher Anregungen soll darum dem kleinen Baden nicht bestritten werden.

---

durch innere, dem erkannten Wesen des Menschen entnommene Gesetze zu binden sucht. An diesem heiligsten Missionswerke kann in hervorragender Stellung keiner gedeihlich mitarbeiten, der nicht reine oder gereinigte Hände, ein ganzes und ungeteiltes Herz und truglose Lippen dazu mitbringt."

Was nun den Inhalt des badischen Kirchenstreits anbelangt, so kommt dieser selbstverständlich hier nur soweit in Betracht, als Strauß zu demselben Stellung nahm. Vorkämpfender Held und Führer der Bewegung war bekanntlich Schenkel. Hausrath bemüht sich, auf S. 312 darzuthun, daß er der rechte Mann für diese Stellung war, während „die Strauß'schen Vertrauensmänner", K. Zittel, O. Schellenberg u. a., die bei der badischen Landesgeistlichkeit als Radikale (!) galten, hierfür nicht geeignet gewesen seien und Strauß als außerhalb stehend gar kein Urteil über die Sache gehabt habe. Nach dem ersten Erfolg gegenüber der kirchlichen Reaktion wurde die Protestbewegung gegen Schenkels „Charakter= bild Jesu" eingeleitet, von der Hausrath sagt, daß ein größerer kirchlicher Humbug im ganzen Jahrhundert nicht aufgeführt worden sei (S. 316).

Nach einer kurzen Angabe des übrigen Inhalts dieses „Charakter= bildes" sagt Hausrath über die Schenkel'sche Auffassung des Kardinal= punktes, der Auferstehung Jesu, S. 317: „Zweifelhaft konnte nach der Fassung der ersten Auflage sein, ob der Verfasser die Auf= erstehung Jesu nicht mit Ewald u. a. als Vision betrachte, nachträg= lich hat er seine Meinung dahin präzisiert (sic!): „daß die Auf= erstehung Jesu nicht in einer Wiederbelebung des vorigen irdischen Leibes, sondern in einer Verklärung seiner Persönlichkeit auf einer überirdischen Daseinsstufe bestehe, und daß die Erscheinungen des Auferstandenen nicht lediglich einen visionären Ursprung hatten, sondern wirkliche Manifestationen des in verklärtem Zustande fort= lebenden Jesus an die Seinen, zur Stärkung · und Belebung ihres Glaubens, gewesen sind."

Die „präzisierte" Schenkel'sche „Lösung" der Auferstehungsfrage reduziert sich also auf folgende Sätze: 1. Die Auferstehung Jesu ist nicht eine Wiederbelebung des vorigen Leibes (ergo: Jesus ist nicht auferstanden). 2. Vielmehr besteht sie in einer Verklärung seiner Persönlichkeit auf einer überirdischen Daseinsstufe (d. h. also doch wohl: Jesus oder vielmehr die Seele des — ja wirklich gestorbenen — Jesus ist als fortlebend zu denken, ganz so, wie man sich gewöhnlich die Unsterblichkeit der Menschen überhaupt vorstellt). 3. Die Erscheinungen des Auferstandenen (ja, ist er denn auferstanden? nach dem bisherigen kann er unmöglich als auferstanden ge= dacht und von Schenkel so genannt werden) hatten nicht lediglich (wie schlau ist dieser limitierende Zusatz!) einen visionären Ursprung. 4. Vielmehr zeigten sich wirkliche Manifestationen des in verklärtem Zustande (gemäß Satz 2) fortlebenden Jesu an die Seinen u. s. w.

Ist nun Jesus auferstanden oder nicht? Die Frage bleibt — Frage, wir sind so weit wie vorher. Der richtige positive Christ glaubt einfach an die leibhafte Auferstehung, ebenso wie er an andere Wunder glaubt. Nach Schenkel aber soll Jesus auferstanden und doch auch nicht auferstanden sein; die Auferstehung soll zugleich eine nichtleibliche und eine leibliche (nicht lediglich visionären Ursprungs!) sein.

Hausrath setzt hinzu: „Es sind das dieselben Lösungen, die im ganzen Jahrhundert seit Herder die üblichen waren." Inwieweit das zutrifft, wollen wir hier nicht untersuchen. Wir haben die Stelle ausführlich mitgeteilt und erläutert, weil wir glauben, daß es auch für einen weiteren Leserkreis von Interesse ist, die Lösungsversuche der Herren Schenkel und Genossen kennen zu lernen.

Unsere Meinung geht nun dahin, daß man kein David Friedrich Strauß zu sein braucht, um über solchen „Lösungen" die Geduld zu verlieren, mag nun ein Auftreten gegen den Autor des „Charakterbilds" im Augenblick zweckmäßig sein oder nicht. Eine solche „Lösung" der Auferstehungsfrage — man könnte einen Preis darauf setzen, ob jemand etwas Unklareres und Verworreneres zustande brächte, und dies ist Schenkel'sche und, wie wir leider hinzufügen müssen, Hausrath'sche „Präzision"! — eine solche „Lösung" ist weder Wissenschaft noch Glaube, wie überhaupt diese ganze Richtung, der sie entsprungen ist. Dieses Zwitterding der Schenkel'schen Auferstehung ist auch ein „Humbug", wenn auch kein „welthistorischer", es ist eine neue Auflage des hölzernen Eisens und des Lichtenberg'schen Messers ohne Klinge, an dem der Stiel fehlt.

Und dazu sollte Straußens Wahrheitssinn schweigen? sollte gar die Zusammen- und Gleichstellung des Schenkelschen „Charakterbildes" (lucus a non lucendo!) mit seinem Leben Jesu ruhig hinnehmen, weil ein Auftreten gegen den Verfasser des „Charakterbildes" bei dem damaligen Stand des badischen Kirchenstreits nicht zeitgemäß, nicht im Interesse der „Freiheit" erschien? Hausrath erklärt sich mit Entschiedenheit gegen das „Stichwort" der „Falschmünzerei", die Strauß dem kirchlichen Liberalismus vorwerfe. „Die dieses Gerede von der „Glaubensfälschung" nachreden", sagt er S. 336, „würden freilich bei einiger geschichtlichen Bildung wissen, daß die ganze Dogmengeschichte auf diesem Prozesse der Glaubensfälschung beruht. Schon der vierte Evangelist hat die Lehre der apostolischen Kirche von der sichtbaren Wiederkunft Christi bei Lebzeiten der Jünger zu einer geistigen Wiederkunft als Paraklet „gefälscht". Die jüdische Lehre von der Auferstehung zum tausendjährigen Reich fälschte die griechisch-römische Kirche zur Lehre von der Unsterblichkeit, und alle heiligsten Ueberzeugungen eines heutigen Christen sind, mit der ursprünglichen Bedeutung der kirchlichen Formeln verglichen, begrifflich genommen, falsche Münzen, denn sie alle haben heute einen anderen Vorstellungsgehalt, als in den Tagen der Herodäer und des Kaisers Nero."

Und dies soll dasselbe sein, wie das Zwielicht, in welchem Schenkel die Sätze des christlichen Glaubens schillern läßt? Schon an einer früheren Stelle seines Buchs (S. 265) bei Besprechung des Vortrags über Lessings „Nathan" (in betreff dessen hier ausdrücklich bemerkt werden mag, daß Strauß, wie wir aus seinem eigenen Munde wissen, bei Ausarbeitung desselben geflissentlich bemüht war, alles zu vermeiden, was nach irgend einer Seite Anstoß hätte erregen können, selbstverständlich ohne sich und seinem Standpunkt etwas zu vergeben) und der Rede über Sicherer sagt Hausrath: „Sind diese Ausblicke auf das „Licht der Verklärung, in das man im Tode eingeht", und auf ein kommendes „Gottesreich" auch nur bildlich zu verstehen, so verraten sie doch nichts von der Bitterkeit, mit der Strauß bald den Gebrauch derartiger, dem religiösen Vorstellungskreis entnommenen Worte als Falschmünzerei brandmarkte." Ha, da liegt ja gerade der Unterschied! Hat denn Schenkel diese Wendungen gleich Strauß bildlich gebraucht? oder nicht vielmehr als in Helldunkel gemischte Farben, geschickt darauf berechnet, nach der einen Seite als gläubig, nach der anderen als kirchlich liberal zu erscheinen? Fürwahr, Hausrath hat recht, wenn er (S. 333, s. o.) sagt: „Man kann an Straußens Kritik des kirchlichen Liberalismus manches begründet finden." Er würde noch mehr recht haben, wenn er mit Strauß das Verfahren Schenkels als „Falschmünzerei" bezeichnen würde; denn nicht die „Achtung vor den Hüllen" brandmarkt Strauß als Falschmünzerei, wie Hausrath S. 257 meint, sondern die dogmatischen Vertuschungsversuche Schenkels. —

Einigermaßen auffallend ist es, daß Hausrath auf den Streit Schenkels mit Kuno Fischer, welcher für Strauß in seinen „Halben und Ganzen" den Ausgangspunkt bildet, nicht näher eingeht. Unseres Erachtens wäre dies zur Klarstellung des Standpunktes und des Verhaltens von Schenkel erforderlich gewesen. Auffallend ist es weiterhin, daß in einer Biographie von Strauß Kuno Fischer, dessen Beziehungen zu Strauß bekannt sind, so viel wir gesehen haben, nur zweimal und zwar jedesmal nur indirekt erwähnt wird (S. 226 und 326). In dem doch so kurzen Abriß E. Zellers: David Friedrich Strauß in seinem Leben und seinen Schriften (Bonn, 1874) ist hierüber (wie auch über manches andere!) ungleich mehr zu finden. —

Es kann nicht unsere Absicht sein, Hausrath in allem nachzugehen, was er über „den alten und den neuen Glauben" sagt; wir müssen uns begnügen, einiges hauptsächliche herauszugreifen. Der Grundfehler der Hausrath'schen Besprechung, wie vieler anderen, scheint uns darin zu liegen, daß das Buch, welches Strauß ausdrücklich als ein „Bekenntnis", als einen neuen „Glauben", als einen ersten, in vielen Beziehungen mangelhaften und der Ergänzung bedürftigen Versuch hinstellt, so behandelt wird, als ob es ein abgeschlossenes wissenschaftliches Ganze sei. Sodann: die Frage, was denn nun sei, wenn das von Strauß Vorgebrachte die Lösung verfehle, pflegten die Kritiker von Strauß in der Regel keiner weitgehenden Erörterung zu unterziehen. Treffend sagt in dieser Beziehung Zeller in seinem Vorwort zu der neuesten (neunten) Auflage des „alten und neuen Glaubens" (Gesammelte Schriften von D. F. Strauß, Band 6, Seite XIII): „Auf Lücken, deren Strauß sich großenteils selbst bewußt war, auf Punkte, an denen eine gewisse Unsicherheit zum Vorschein kam, wurde ein unbilliges Gewicht gelegt; und je schwerer es war, seine Ausstellungen gegen die herrschenden Vorstellungen zu entkräften, um so begieriger klammerte man sich an die schwachen Stellen, die man in seinen positiven Ausführungen entdeckt zu haben glaubte; als ob die Wahrheit dessen, was er bestritt, schon erwiesen wäre, wenn das, was er an seine Stelle setzen wollte, nicht durchaus unanfechtbar war."

Was insbesondere Hausrath anbelangt, so wird man, gleichviel welchen Standpunkt man einnehmen mag, das, was er als eigene Ansicht Strauß entgegensetzt, jedenfalls als unzulänglich bezeichnen müssen.

So wird es nicht leicht jemandem einleuchten, wie aus verschiedenen „Gefühlswahrheiten" die Persönlichkeit Gottes als erwiesen gelten soll. Vollends die Zusammenstellung dieser Frage mit der kosmologischen Frage, wie solche von Hausrath schon bei Besprechung der Straußischen „Glaubenslehre" der Jahre 1840 und 41 auf S. 24 f. vorgenommen wird, ist nichts weniger als glücklich.

Zum Begriff der Persönlichkeit gehört — dagegen wird kein Widerstreben helfen — die Beschränkung, und die Vorstellung stimmt damit überein: hier tritt eben der Glaube — ergänzend, vermittelnd, helfend, wenn man will — ein, mag man ihn nun als Postulat fassen oder nicht, wir wollen hier nur die Thatsache konstatieren.*) Das wesentliche Attribut des Raumes dagegen ist gerade die Ausdehnung ins Unendliche oder Endlose. Inwieweit unsere Vorstellung hierfür ausreicht, ist eine Frage für sich; aber selbst für die Vorstellung giebt es nichts anderes, als einen unbegrenzten

---

*) Hausrath S. 24: „Der Rede kurzer Sinn ist demnach, daß das Absolute nur im Menschen zum Bewußtsein kommt. „„Der Professor ist eine Person, Gott ist keine."" Das populäre Bewußtsein ist auch hier sicherer gestellt." Wir gestehen offen, daß nach unserer Ansicht der Herr Professor nicht so unrecht hat, wenn er sich und nicht auch Gott die beschränkte Persönlichkeit vindiziert.

Raum, denn bei jeder Begrenzung erhebt sich immer wieder die Frage, was denn jenseits derselben sei, worauf keine andere Antwort erfolgen kann, als: wieder Raum, und so fort ins Endlose.

Und ebenso ist es mit der Zeit. Die Zeit hat keinen Anfang und kein Ende. Was soll denn vor dem Anfang gewesen sein? Doch wieder nur Zeit, und kann man sich dies anders vorstellen?*)

Ebenso, wenn Hausrath S. 357 sagt: „Wir wenigstens haben in der biblischen Erzählung vom ersten Menschen nie etwas anderes gesehen, als das Symbol einer inneren Geschichte, die jeder Mensch erlebt, und nicht ein Stück aus der Zoologie", so wird dies nicht leicht jemand für eine Lösung der in Betracht kommenden Fragen halten. Und was Hausrath Straußens „stolzer" Frage (wie er sagt, Strauß war sich aber ganz im Gegenteil über seine eigene und anderer Leute Unzulänglichkeit vollkommen klar): „Wie begreifen wir die Welt?" entgegensetzt, wird trotz des Heranziehens von Rümelin und Czermak schon aus dem Grunde niemandem eine eigentliche Belehrung verschaffen, weil es nur aus dürftigen Andeutungen besteht und nicht einmal der Versuch gemacht ist, etwas Zusammenhängendes Strauß gegenüber vorzubringen. Daß man aber von einem Buche, welches auf 423 (1. Band) und 398 (2. Band) Seiten „D. F. Strauß und die Theologie seiner Zeit" darstellt, dies zu fordern berechtigt ist, wird Hausrath nicht bestreiten wollen. —

Den ersten Abschnitt des „alten und neuen Glaubens": „Sind wir noch Christen?" erklärt Hausrath (S. 359) für das Schwächste, was Strauß überhaupt geschrieben habe. „Strauß nimmt" — sagt Hausrath weiter — „aus einer achtzehnhundertjährigen Lehrentwicklung einige Sätze heraus, mit denen das moderne Denken nicht stimmt, und beweist damit, daß wir keine Christen mehr seien. Auf diese Weise ließe sich auch fragen: „sind wir noch Germanen?" und auf Grund der Germania des Tacitus wäre die Frage getrost zu verneinen." So Hausrath. Allein was für Sätze nimmt denn Strauß heraus? beliebige? unbedeutende? oder nicht vielmehr diejenigen, die noch heutzutage anerkanntermaßen die Grundlagen des positiven und kirchlichen Christentums bilden, also in erster Linie die Sätze des apostolischen Glaubensbekenntnisses. Daß aber das Apostolikum wirklich noch heute die Norm des Christentums bildet, wovon man sich beispielsweise bei jeder Konfirmation überzeugen kann, wird Hausrath doch schwerlich bestreiten wollen, und ebenso wenig wird es ihm un-

---

*) Es darf hier an die erste der Kantischen Antinomien erinnert werden, in der es heißt: daß man diese zwei Undinge, den leeren Raum außer und die leere Zeit vor der Welt, durchaus annehmen müsse, wenn man eine Weltgrenze, sei es dem Raum oder der Zeit nach, annimmt.

bekannt sein, daß es einem Geistlichen keineswegs gestattet ist, die
Säße des Apostolikums nach Belieben, bezw. dem „Vorstellungsgehalt"
gemäß, den sie heute „nach einer achtzehnhundertjährigen Lehrentwicklung" haben, auszulegen. Vollends der Versuch der vorigjährigen
Berliner Synode, das Apostolikum abzuschaffen, ist dem Berliner Fort-
schritt übel bekommen — und zwar von rechtswegen, wie wir glauben,
und wie Strauß unzweifelhaft urteilen würde. Daß Strauß bloß
behaupte, das Apostolikum, als den offiziellen Ausdruck des christlichen Glaubens, zu Grunde zu legen, dann aber lediglich Dinge be-
kämpfe, von denen das Apostolikum kein Wort sage, wie Hausrath
meint, können wir nicht zugeben, ebensowenig wie daß Strauß aus
einer Entwicklungsreihe von Jahrtausenden beliebige Momente heraus-
greife. Wir wollen uns nur die eine Frage erlauben: Steht von
der Auferstehung (die Hausrath bei seinen Aufzählungen wohl-
weislich ausläßt) nichts in dem Apostolikum? Und bildet der Glaube
an die Auferstehung — nach der bisherigen Auffassung wenigstens —
nicht den Kern von dem Glauben an Christus?

Über den Vergleich, den Hausrath vermittels der Frage: „Sind
wir noch Germanen?" versucht, ist es schwer, etwas Ernsthaftes zu
sagen. Er ist so unglücklich wie möglich, wirklich „schwach", und
kann höchstens komisch wirken. Oder giebt es vielleicht ein bindendes
germanisches Apostolikum, wie es ein christliches giebt? und werden
wir auf Grundlage eines solchen germanischen Glaubensbekenntnisses
unter Anwendung von „Tacitus' Germania" als Germanen getauft
und konfirmiert? —

Es ist, wie bereits gesagt wurde, unmöglich, an diesem Orte
auf alles einzugehen. Wir müssen zum Schlusse eilen und wollen deshalb nur noch in möglichster Kürze der Beurteilung des Haupt-
abschnitts von Strauß' neuem Glauben durch Hausrath gedenken, des
ethischen Teils (Abschnitt 4): „Wie ordnen wir unser
Leben?" Daß Strauß von der Schwierigkeit gerade dieses Haupt-
teils durchdrungen war, hat er wiederholt ausgesprochen; daß er von
seinem ersten Versuch einer Lösung dieser Frage nicht befriedigt war,
ist gleichfalls bekannt. Hausrath bestreitet vorerst die Kongruenz der
Maxime von Strauß, wonach sich der einzelne nach der Idee der Gattung
bestimmen soll, mit seinen materialistischen Prämissen. Dies ist
zuzugeben. Allein eine weitere Frage ist, ob denn Straußens Prämissen
durchaus materialistisch sind? Dies möchten wir bestreiten, freilich nicht
ohne einzuräumen, daß Strauß sich hier in Widersprüchen bewegt,
deren Lösung von der Zukunft erwartet werden muß. Wir stehen nicht an,
die Hauptstelle in seinem „alten und neuen Glauben", in der er sich zum
„Materialismus" bekennt (S. 211 der zweiten Auflage, Band 6 der
Ges. Schr. S. 140) so, wie sie geschrieben ist, für unstraußisch oder

zum mindesten doch einer rektifizierenden Erläuterung bedürftig (j. u.) zu erklären, und berufen uns in dieser Hinsicht vor allem gerade auf seinen vierten Abschnitt: „Wie ordnen wir unser Leben?" Und wenn es sich darum handelt, ob eine einzelne Aeußerung maßgebend sein soll, auch wenn sie von anderweitigen Deduktionen, namentlich im dritten Abschnitt, unterstützt sein sollte, oder ein ganzer Abschnitt, der mit Strauß' bisheriger Weltanschauung übereinstimmt und einen Versuch macht, das Geglaubte (alles Ideale ist ja im Grunde Glaube!) zu begründen und systematisch zu ordnen, so können wir nicht im Zweifel sein, auf welche Seite wir uns neigen.*)

Auf das von Strauß für alle Moral aufgestellte Prinzip selbst, die Bestimmung des einzelnen nach der Idee der Gattung, geht Hausrath sehr wenig ein, bespricht vielmehr sogleich teilweise die einzelnen Themata dieses Abschnitts, welche bekanntlich mehr oder weniger lose aneinandergereiht sind und der angestrebten systematischen Gliederung noch sehr ermangeln. Wir möchten hierbei, gleichfalls einzelnes herausgreifend, Hausrath fragen, ob er mit dem, was er über die Monarchie sagt, wirklich das „sehr Simple" (wie er meint) dieses „Mysteriums" (nach Straußens bekannter Bezeichnung) dargethan zu haben glaubt. Hier erscheint uns Hausrath als der flache „Voltairianer", während wir anderseits schon beim ersten Lesen jener Stelle im „alten und neuen Glauben" den Wunsch nicht unterdrücken konnten, daß Strauß doch auch auf anderen Gebieten das „Mysteriöse" anerkannt und respektiert haben möchte.

Weiter macht Hausrath eine Bemerkung über die Härte, mit der Strauß über die Sozialdemokratie spreche, und vermißt eine Anerkennung der „Mitschuld der liberalen Bourgeoisie an dieser Lage." Ob Hausrath heute noch so sprechen würde? Es ist ganz und gar der Ton der „Gönner" des Sozialismus. Strauß dachte bei Zeit klarer über diese Fragen und hielt sich von der Verirrung

---

*) Wir können nicht unterlassen, hier eine besonders bezeichnende Stelle aus Strauß' „altem und neuem Glauben" anzuführen. S. 242 (2. Auflage; Band 6 der Ges. Schr. S. 161): „Verhält sich im sittlichen Handeln der Mensch zu der Idee seiner Gattung, die er teils in sich selbst zu verwirklichen sucht, teils in allen Andern anerkennt und zu fördern bestrebt ist, so verhält er sich in der Religion zur Idee des Universum, der letzten Quelle alles Seins und Lebens überhaupt. Insofern mag man sagen, daß die Religion über der Moral stehe, weil sie aus einer noch tieferen Quelle strömt, in einen noch ursprünglicheren Grund zurückgeht." Ist dies Materialismus, d. h. was man allgemein unter Materialismus versteht? Wenn Strauß S. 211 sagt, daß er den oft mit so vielem Lärm geltend gemachten Gegensatz zwischen Materialismus und Idealismus im Stillen immer für einen Wortstreit angesehen habe, so wird es folgerichtig erlaubt sein, diesen neuen Straußischen Materialismus als gleichbedeutend mit seinem bisherigen Idealismus zu nehmen, eine Auffassung, zu welcher der vierte Abschnitt die „Probe" bildet. Der Fehler, daß Strauß sich als Materialist bekennt, bleibt aber bei alledem bestehen.

frei, verschiedenartige Dinge miteinander zu vermengen und etwas zu be=
schönigen, was schlechterdings nicht zu beschönigen ist. „Was von berech=
tigten Gedanken in der Lehre dieser Sekte enthalten sein mag," sagt neuer=
dings wiederholt der berufenste Beurteiler des Sozialismus*) „ist ihr
gemein mit anderen Parteien; was ihr eigen angehört und ihr Wesen
ausmacht, ist das Evangelium der sinnlichen Gier, des Hasses und des
Neides, die Verhöhnung alles Heiligen." Ganz so dachte Strauß von
vornherein über den Sozialismus. Aber Hausrath kann die Gelegen=
heit nicht vorbeigehen lassen, ohne einige besserwissende Bemerkungen
über Strauß fallen zu lassen, obwohl er doch schon mehr als einmal
erfahren hat, wie mißlich es ist, Strauß zu kritisieren, und um etwas
zu gunsten der Sozialdemokratie vorzubringen, eine Hätschelei, wodurch
er dem „hartherzigen" Strauß gegenüber als der humane Gönner
derselben erscheint.**)

Auf die Kernfrage des vierten Abschnitts des „alten und neuen
Glaubens" geht Hausrath, wie gesagt, wenig ein. Woher denn
die Moral? Von dem Christentum! Woher hatte denn dieses
die Moral? Strauß versucht sie aus der Natur des Menschen,
aus dem „wohlbegriffenen Wesen" desselben, nicht aus über=
natürlichen Satzungen und Wundern abzuleiten — und ein solcher
Versuch verdient in allen Fällen Anerkennung.

Strauß steht übrigens auch hierin keineswegs isoliert. „Die
sittlichen Begriffe sind nicht Folge, sondern Ursache der religiösen."
Und: „das die Sittlichkeit normierende Gewissen ist nichts anderes,
als die Sprache der Gattungsidee, welche in das individuelle
Bewußtsein hereinragt und hier gegenüber allen Handlungen, welche
der Würde und dem Wohle des Ganzen zuwiderlaufen, Veto einlegt."
Dies sind beispielsweise zwei Sätze aus der Schrift eines Mannes,
der durchaus auf eigenen Füßen steht.***)

Und bekanntlich hat kein geringerer als Schleiermacher
Religion und Sittlichkeit als zwei zwar benachbarte, aber gegeneinander
durchaus selbständige Provinzen des menschlichen Geistes bezeichnet. —

Hausrath bestreitet schließlich, daß Strauß das Goethe'sche „So
leben wir, so wandeln wir beglückt" von sich sagen könne. Andere,

---

*) H. v. Treitschke in seinem Aufsatz „Der Sozialismus und seine Gönner":
Preußische Jahrbücher, Band 41, 6. Heft (Juni 1878), S. 638.
**) Das oben Gesagte entspricht der Auffassung der siebenziger Jahre. Daß
die soziale Frage durch die kaiserliche Botschaft von 1881 in andere Bahnen gelenkt
wurde, ist bekannt. Der alte Kaiser und Bismarck mußten uns allen klar machen,
daß es Aufgabe des Staats sei, den wirtschaftlich Schwachen helfend beizuspringen,
selbstverständlich unter Einhaltung bestimmter Grenzen.
***) Darwinismus, Religion, Sittlichkeit. Eine von der Haager Gesellschaft
zur Verteidigung der christlichen Religion gekrönte Preisschrift von Dr. G. P. Wey=
goldt, Großh. Bad. Schulrat. Leiden, E. J. Bull, 1878.

z. B. Wilhelm Lang, der Strauß besser kannte, wenden den schönen Spruch, Strauß beistimmend, auf diesen an. Hier ist der Punkt, wo nach unserer festen Ueberzeugung Hausrath alles Verständnis von Strauß abhanden kommt. Hausrath sagt S. 373: „In der Geschichte eines so zerspaltenen Lebens erregt diese Versicherung („So leben wir" u. s. w.) doch nur ein wehmütiges Lächeln, wie die Frage selbst: Wie ordnen wir unser Leben? in diesem Munde uns skeptisch stimmt. Hat er uns doch in seinem Gedenkbuch hineinsehen lassen in eine wahrhaft schauerliche Zerklüftung des Gemüts, in eine Zerstörung jedes Lebenstriebes, in eine Todessehnsucht, die das innigste Mitgefühl erweckt. Was soll da dieses: „So leben wir, so wandeln wir beglückt!"

Vorerst muß es unseres Erachtens eher ein Lächeln erregen, wenn ein Vertreter des Protestantenvereins einen Mann wie D. F. Strauß der Inkonsequenz zeihen will, wie Hausrath zu wiederholten Malen und hier wieder versucht. Sodann aber, wenn wir auch die „Zerklüftung" allenfalls zugeben wollten*) — das „wahrhafte Schauerliche" ist wahrlich keine Kategorie, die auf D. F. Strauß und sein Leben Anwendung finden kann. Der muß Strauß schlecht gekannt haben, der uns hierin nicht zustimmt. Nun, wir können Hausrath versichern, Strauß ist beglückt gewandelt, trotz der „Zerklüftung" und trotz der bitteren Erfahrungen seines Lebens, die sich indessen auf seine Absetzung und seine Heirat beschränken: beides wichtig genug, aber sein Leben ging darin doch nicht völlig auf und hatte auch lichtere Seiten. Giebt denn gerade das Gedenkbuch bloß einen Einblick in die „Zerklüftung seines Gemüts"? Sagt nicht Hausrath selbst an einer anderen Stelle (S. 348), das Gedenkbuch trage unendlich viel weichere und gewinnendere Züge, als die — von Hausrath höchst einseitig als „pessimistisch" bezeichneten — Literarischen Denkwürdigkeiten? Fürwahr, es gehört eine gewisse Kunst dazu, selbst wenn man nicht mehr kennt, als das poetische Gedenkbuch, die lichten Seiten in Straußens Leben zu übersehen oder nur für nebensächlich zu halten. Strauß stand nicht so isoliert, wie Hausrath meint. Das Gedicht an seinen Sohn, die vielen Gedichte an seine Tochter, die wahrhaft naiv und aufs poetischste ausgedrückte Freude des Großvaters über die Geburt und das Gedeihen der Zwillingsenkel — der Beziehungen zu seinen Freunden gar nicht zu gedenken — spricht aus allem diesem nicht eine innere Befriedigung, wie sie reiner kaum zu denken ist? Und dazu die erhebende und „beseligende" Einwirkung der Kunst in ihren höchsten Erscheinungen und schließlich die Übereinstimmung in

---

*) Hiermit hatte ich schon zu viel zugestanden. Was ich über Strauß' innere Verfassung während seines letzten Lebensjahres gesagt habe, wird durch Straußens Briefe noch überboten.

Straußens wissenschaftlichen Ueberzeugungen und seinem Leben „getreu bis in den Tod!" Wie ist es für einen Biographen von Strauß möglich, vor all diesem die Augen zu verschließen und in dem Manne einen traurigen Pessimisten zu sehen, der bis zu seinem Lebensende den Pessimismus bekämpft hat! Hausrath scheint im Ernste zu meinen, Strauß habe kein Recht, jenen Ausspruch Goethes auf sich anzuwenden. Glaubt er denn, Strauß sei fähig gewesen, so etwas von sich zu sagen, wenn er nicht dazu berechtigt gewesen wäre, wenn er dazu keinen Grund gehabt hätte? Hält er Strauß, einen Mann, der eine Selbstkenntnis besaß, wie wenig Menschen (vgl. die von Hausrath viel zu wenig gewürdigten LiterarischenDenkwürdigkeiten)*), einer so starken Selbsttäuschung für fähig oder traut er ihm gar zu, er habe jenen Spruch wider besseres Wissen auf sich angewandt, etwa um andere zu täuschen? Hausrath sieht überhaupt in Strauß nur Disharmonien; von der Harmonie in Straußens Wesen, in die sich die einzelnen Dissonanzen doch schließlich auflösten, hat er keine Ahnung. Natürlich! Wer einmal verdrießlich ist, dem kommt die ganze Welt verdrießlich vor. (In dieser Beziehung könnte die Auseinandersetzung auf S. 366 herangezogen werden!) Hausrath ist aber verdrießlich über Straußens Kampf gegen den kirchlichen Liberalismus und wird zusehends immer verdrießlicher, je weiter er schreibt, bis er schließlich alles Verständnis von Strauß verliert.

Daß Hausrath wirklich so weit kommt, dafür möchten wir außer dem obigen noch auf seinen Ausspruch auf S. 391 hinweisen, daß Strauß in jedem Berufe das Leben als Last empfunden haben würde. Ob wohl irgend jemand, der Strauß kannte, dies unterschreiben würde? Nach unserer Überzeugung ist es grundfalsch. Hausrath führt selbst in seinem ersten Band S. 331 die bekannte Stelle von Friedrich Vischer an, dessen Urteil hier doch sicherlich maßgebend ist: „Wenn irgend jemand, so hat Strauß vermöge seiner altbürgerlichen soliden Erziehung und Denkart das Bedürfnis einer festen Unterlage seiner Thätigkeit, eines öffentlichen Wirkungskreises, kurz eines Amtes." Dieses Bedürfnis einer Berufsthätigkeit, welches Strauß noch in späteren Jahren hatte und seinen Freunden wiederholt bekannte, weist aber wahrlich eher darauf hin, daß er einen praktischen Beruf, um den er jedermann beneidete,**) vielmehr als eine Lust, denn als eine Last empfunden haben würde, und mit seiner ganzen Natur, die auf Beschränkung angelegt war, deren Haupteigenschaften

---

*) Und dazu jetzt seine Briefe.
**) Wie oft wünschte Strauß in den sechziger Jahren dem Verfasser dieses Aufsatzes Glück, daß er eine praktische Thätigkeit habe! Und auf meinen Einwand, daß ich leider zur Zeit in dieser ganz aufgehen müsse, erklärte er selbst dies für keinen Nachteil.

Gewissenhaftigkeit und Genauigkeit bis ins einzelste, selbst Pedanterie waren, würde er sich in einem praktischen Beruf nur wohl gefühlt haben.

„So leben wir, so wandeln wir beglückt." Wenn sich der eingangs hervorgehobene Mangel an Sympathie und Kongenialität bei Hausrath darin dokumentirt, daß ihm gänzlich verschlossen bleibt, wie Strauß dieses Wort auf sich anwenden konnte, und er mit ironischem Lächeln hierüber weggleiten zu können glaubt, so wird er doch nach seiner eigenen Schilderung von Straußens Lebensende zugeben müssen, daß es sich hier nicht um den Abschluß eines Lebens voll „schauerlicher Zerklüftung" handelt, daß vielmehr Strauß mit sich und — wie wir getrost hinzusetzen dürfen — mit seinem Gott versöhnt gestorben ist. Und es wird dabei bleiben, daß, wie anderwärts gesagt wurde, das treffendste Motto für Strauß ist: Konsequent denken, konsequent leben und (last not least) konsequent sterben.

Daß aber Strauß vor seinem Hingang in seinem „Testament", wie er selbst sein letztes „Bekenntnis" nannte, das Religionsproblem gelöst habe, wird niemand behaupten wollen. Hausrath sagt S. 395, „ein spekulativer Kopf sei Strauß nicht gewesen." Dies kann man zugeben. Allein wo ist der spekulative Kopf, der kommen muß, um uns das Fehlende und Erwartete zu geben? Wer wird die Lösung der religiösen Probleme bringen? Dies ist die große Frage. Nach Zellers Ausspruch (D. F. Strauß in seinem Leben und seinen Schriften S. 111.) ist zu einer erschöpfenden Kritik von Strauß' letztem Werk nichts geringeres, als eine neue Metaphysik, erforderlich. Strauß selbst sagt am Schlusse seines Nachwortes zu seinem „alten und neuen Glauben" ebenso sicher wie bescheiden, die Zeit der Verständigung*) werde kommen, wie sie für das Leben Jesu gekommen sei — vielleicht das Treffendste, was über dieses vielbesprochene Buch gesagt worden ist; und auch für uns, die wir diese Anzeige schon weiter, als anfangs beabsichtigt war, ausgedehnt haben, giebt es wohl keinen passenderen Schluß, als den Hinweis auf diese letzten Worte von Strauß, die er in dem Vorgefühl, daß er die unausbleibliche Verständigung nicht mehr erleben werde, am letzten Tage des Jahres 1872, kurz vor dem Eintritt seiner unheilbaren Krankheit, niederschrieb.

―――――――――

*) Daß nicht Streit mit Andersdenkenden, sondern nur Verständigung mit Gleichdenkenden seine Absicht war, sagt Strauß auch im „Nachwort als Vorwort" zu seinem „alten und neuen Glauben" S. 44.

IV.

(1878).

Gesammelte Schriften von David Friedrich Strauß.

Nach des Verfassers letztwilligen Bestimmungen zusammengestellt. Eingeleitet und mit erklärenden Nachweisungen versehen von Eduard Zeller. 12 Bände. Bonn, Verlag von Emil Strauß. 1876—1878.

Mit dem vor kurzem erschienenen elften Bande hat, da der zwölfte Band, die hinterlassenen Gedichte als „Poetisches Gedenkbuch" enthaltend, bereits früher erschien, die Sammlung der Schriften von D. F. Strauß einen vorläufigen Abschluß erreicht. Wir sagen: einen vorläufigen Abschluß; denn wir hoffen, daß die Aussicht, die uns der Herausgeber in dem Vorwort zum ersten Band eröffnet hat, sich in nicht allzu ferner Zeit erfüllen und die einstweilen ausgeschlossenen Schriften als zweite Sammlung nachgetragen werden. Bis dahin wollen wir uns an dem Gebotenen erfreuen und dem Herausgeber uns gerade dafür dankbar erweisen, daß er von dieser ersten Sammlung alles rein Fachmäßige und Gelehrte ausgeschlossen hat: sie enthält nur solche Schriften, welche allgemein verständlich und für das deutsche Volk in dem Sinne geschrieben sind, wie Strauß selbst sich dieses nach seinem bekannten Ausspruch in der Widmung seines neuen Lebens Jesu an seinen Bruder dachte. Wir sind deshalb auch überzeugt, daß kein gebildeter Mann und — worauf wir ganz besonders hinweisen möchten — keine gebildete Frau einen der zwölf Bände aus der Hand legen wird, ohne reichen Genuß und reiche Belehrung aus demselben geschöpft und durch eigene Anschauung ein anderes Bild von dem berühmten „Verfasser des Lebens Jesu" gewonnen zu haben, als dies durch mehr oder weniger wohlgemeinte, mehr oder weniger sachkundige pastorale oder anderartige Darstellungen möglich war.

Nur auf zwei Bände der Sammlung möchte unseres Erachtens das Gesagte nicht volle Anwendung finden. Wir glauben nämlich nicht, daß die ausführliche, durch den ganzen achten und neunten Band laufende Mitteilung von Schubarts Briefen von allgemeinem

Interesse ist, während wir anderseits gerade in der schon jetzt erfolgten Aufnahme derselben in die Gesammelten Schriften einen ausdrücklichen Grund für die spätere Mitteilung der noch rückständigen Schriften und für die Ausdehnung der Sammlung zu einer Gesamtausgabe von D. F. Strauß' Werken erblicken. Für einen weiteren Leserkreis hingegen möchte bei aller Teilnahme für das Schicksal und den Entwicklungsgang des genialen schwäbischen Poeten das Interesse doch nicht so intensiv sein, um sich durch zwei Bände Briefe desselben durchzuarbeiten. Sollte hier nicht die schwäbische Landsmannschaft, wie schon bei Strauß selbst, so auch bei dem jetzigen Herausgeber einen prävalierenden Einfluß ausgeübt haben? Das „Kaplied", die „Fürstengruft", das beißende Epigramm auf den Gründer der Karlsschule*) und ähnliches dürfte nach unserem Dafürhalten dem „gebildeten Publikum" ein zwar knapperes, aber immerhin ausreichendes Bild von der Individualität Schubarts geben.

Es kann hier nicht unsere Absicht sein, auf den Inhalt der jedermann zugänglichen Sammlung näher einzugehen; nur auf die Einleitungen des Herausgebers zu den einzelnen Schriften möchten wir noch besonders aufmerksam machen: sie enthalten bei aller Kürze und Objektivität und doch, wenn wir nicht irren, größerer Wärme, als wir dies bei Zeller sonst gewohnt sind, alles, was für die Kenntnis von der Entstehung und das Verständnis von dem Inhalt der betreffenden Schrift erforderlich ist.

Was wir uns heute erlauben möchten, ist ein Hinweis darauf, daß sich auch unter den kleineren Aufzeichnungen von Strauß, welche in die gesammelten Schriften nicht aufgenommen sind, sehr bemerkenswertes und wertvolles aus der Feder dieses reichen Geistes, den man neuerdings von gewisser Seite zu einem bloßen „Formtalent" herabsetzen möchte**), vorfindet. Und um einen

---

*) „Als Dionys von Syrakus
　　Aufhören muß,
　　Tyrann zu sein,
　　Da wird er ein Schulmeisterlein."

**) In erfreulichem Gegensatz hierzu stehen die Besprechungen in der Zeitschrift „Europa", welche das Erscheinen der einzelnen Bände der Strauß'schen Werke regelmäßig begleiten. Wir können nicht umhin, hier auf eine derselben ausdrücklich hinzuweisen, indem wir uns ihr mit voller Ueberzeugung anschließen. Bei Gelegenheit der Anzeige des „Poetischen Gedenkbuches" in Nr. 3 des Jahrgangs 1878 der genannten Zeitschrift heißt es sehr richtig: „Durch diese Würdigungen aber wird die Abrechnung mit Strauß noch nicht vollzogen sein, wie mit mancher anderen Größe unseres Jahrhunderts. Lebendige Fragen des Zeitkampfes, der wissenschaftlichen Forschung und auch des ästhetischen Bedürfens und Anschauens werden für die Nachwelt noch lange ein direktes Zurückkommen auf ihn immer und immer wieder erforderlich machen, da seine ganze Lebensarbeit in mehrfacher Hinsicht durch ein eingreifend befruchtendes und zukunftreiches Wirken hervorragend begnadet war. Und

Beweis hierfür zu liefern, wollen wir hier einen Artikel von Strauß
reprobuzieren, der in der Beilage zu der in den Jahren 1861 und
1862 unter Mitwirkung von L. Häußer, R. von Mohl, G. Rießer,
David Strauß und E. Zeller von A. Lammers redigierten „Zeit"
Nr. 2 vom 4. April 1861 erschien und — meisterhaft nach Inhalt
und Form — als ein wahres Kabinettstück zu bezeichnen ist. Der=
selbe lautet:

„Böckh's Festrede

zur Geburtstagsfeier des Königs Wilhelm I., ge=
halten in der Universität zu Berlin am 22. März 1861.

Böckhs akademische Reden sind längst dafür bekannt, als getreue
Barometer die jeweilige Beschaffenheit der geistigen Hof= und Regie=
rungsatmosphäre in der preußischen Hauptstadt anzuzeigen. Die frei=
sinnige Denkweise des berühmten Philologen ist außer Streit, aber
ebenso erprobt sein diplomatischer Takt, vermöge dessen er seinem
Freimut jedesmal nur so weit Sprache giebt, als diese höchsten Ortes
ertragen werden mag. War so letzten Herbst seine Rede am Jubel=
feste der Berliner Universität ein beachtenswertes Wetterzeichen für die
wissenschaftliche und religiöse Stimmung jener Sphären, so ist es die
Festrede zur königlichen Geburtstagsfeier, die die „Zeit" dieser Tage
mitteilte, in ähnlicher Art für die politische. Damals gab eine Ver=
schweigung (des Namens Hegel unter den vom Redner aufgeführten
Größen der fünfzigjährigen Hochschule) dem Kundigen ein Programm
des Ministeriums Bethmann=Hollweg, das dieses seitdem um keine Linie
überschritten, das es noch in den jüngsten Tagen durch die Berufung
Ullmanns recht grell bethätigt hat. In der diesmaligen Rede brauchen
wir uns nicht an Verschweigungen zu halten. Einerseits freilich ist
sie eben nur wie die Lage selbst ist: schwankend und unsicher. Sie
macht auf die allseitigen Schwierigkeiten aufmerksam, unter denen König
Wilhelm I. die Regierung angetreten; und daß sie für diese die
Lösungen nur unbestimmt anzudeuten weiß, ist nicht des Redners

es wird dies um so nötiger sein, da erst mit dem nunmehrigen Beieinander für
diese bisher zerstreuten und nicht leicht erreichbaren Schätze großer Gedanken, herrlicher
Gestaltungen und schöner Formen eine zweite und gewichtigere Ära stillen Ein=
wirkens sich eröffnet: ihr Übergang aus immerhin begrenzten Sphären in das Fleisch
und Blut der Nation. Zunächst allerdings nur allgemach in weitere Kreise der
Gebildeten, wo derartiges aber nicht in träger Stauung zu bleiben pflegt, wo es
flüssig wird, von wo es endlich warm hinüberströmt in das Gedankenleben und die
Geistes= und Geschmacksrichtungen des Volkes. Wir haben von diesem geschichtlichen
Prozesse erst kürzlich hier gesprochen. Er ist noch im Werden begriffen in Bezug
auf manchen Gedanken und manche Geisteshelden entfernterer Vergangenheit, er
wird sich auch in Bezug auf Strauß vollziehen, einen der erfolgreichsten Bahnbrecher
unseres eigenen Jahrhunderts."

Schuld. Dennoch ist uns an seinen Andeutungen manches aufgefallen.
Wenn er als Hort des politischen Bestandes die erbliche Monarchie
hinstellt, so ist das ganz in unserem Sinn: monarchisch denken wir
auch, nur nicht ebenso dynastisch. Des nicht endenden Lobs auf
Friedrich Wilhelm IV. sind wir hier außen herzlich satt, und von der
Landestrauer über seinen Tod haben wir außer den Kreisen der „Kreuz-
zeitung" nichts wahrgenommen. Des huldumflossenen Antlitzes des
Hochseligen mochte der von ihm oft angestrahlte Redner dankbar gedenken; aber daß derselbe ein Stern gewesen, der dem Schiff des
Staates auf seinen gefahrvollen Bahnen geleuchtet, das muß doch
selbst den besterntesten Zuhörern in der Panegyris seltsam geklungen
haben, und unter der Bewegung der Geister, der er mit voller Seele
entgegengekommen sein soll, können wir nur die rückwärtsgehende verstehen. Böckh freilich wird gewußt haben, wie er zu sprechen
hatte: uns aber macht eben dies bedenklich, ob man dort ernstlich gemeint sein könne, mit einem Regierungssystem zu brechen, für dessen
hingegangene Träger man noch so unwahres Lob in Anspruch nimmt. Die
Schwierigkeiten der Lage betreffend führte der Redner nur der polnischen
und etwa noch der katholischen gegenüber eine feste Sprache;
bei der feudalen könnte uns sein flaues intra muros peccatur et extra
beunruhigen, und auch in Betreff der deutschen Verhältnisse ist er uns
viel zu diskret. Höltys „Ueb' immer Treu' und Redlichkeit" ist ein
schönes Lied, und Ehre dem, der es in Ausübung bringt: zum
politischen Wahlspruch aber reicht es nicht aus; der alte Fritz wenigstens
hat es gewiß nicht auf seiner Flöte gespielt, als er in Schlesien ein-
rückte und die Größe der preußischen Monarchie begründete." —

Gegenüber mehrfachen neueren Darstellungen der Bestrebungen
des hochseligen Friedrich Wilhelm IV. ist es wahrhaft wohlthuend, das treffende Urteil eines ebenso national wie wahrhaft liberal
gesinnten Mannes, wie D. F. Strauß, aus seiner Zeit heraus zu
vernehmen. Zum Ueberfluß aber erlauben wir uns bei dieser Gelegenheit noch darauf hinzuweisen, daß seine hier mit in Betracht kommende,
mit Recht vielbewunderte Schrift „Der Romantiker auf dem
Throne der Cäsaren" ihrer ganzen Tendenz nach keine Geschichte sein sollte und demnach auch nicht als eine geschichtliche
Darstellung Julians des Abtrünnigen beurteilt werden darf. Wenn
nun vollends mit „Umkehrung der Waffe" Strauß selbst als
Romantiker und zwar als Romantiker des Heidentums hin-
gestellt werden soll, wie dies von dem Professor der Theologie Konstantin Schlottmann in seiner neuerlichen Schrift *) versucht

---

*) David Strauß als Romantiker des Heidentums, von Konstantin Schlott-
mann. Halle, Buchhandlung des Waisenhauses, 1878.

wird, so hat diese Leistung für uns, unbeschadet der Achtung vor der
Gelehrsamkeit des Verfassers, nur den wirklich beneidenswerten Vorzug,
daß man bloß den Titel der Schrift zu lesen nötig hat, um sich
ein vollkommen ausreichendes Urteil über die absolute Schiefheit einer
solchen Auffassung zu bilden. Wenn trotzdem der Herausgeber des
„Literaturblattes“, W. Herbst, die Schrift Schlottmanns einer
eingehenden Besprechung wert erachtet hat und ihr in wesentlichen
Punkten beistimmt, so ist dies nur aus seiner Konnivenz gegen alles
Antistraußische und dem ähnliches zu erklären. Und wenn Herbst selbst
dabei von Straußens „Taschenspielerkünsten“ spricht, so ist dies
wiederum die nämliche „Umkehrung des Spießes“, wie sie von Schlottmann versucht ist, und ganz mit dem nämlichen Erfolg. Wie hebt
sich dagegen hiervon Herbsts schließlicher Ausspruch ab: „Noch lange
Zeit wird sich die Gegenwart mit diesem eminenten Geist zu beschäftigen
und auseinanderzusetzen haben,“ und wie stimmt dies mit seiner Auffassung von Strauß als einem „ephemeren Taschenspieler“! Strauß
ein „Taschenspieler“ und ein „Romantiker“ — diese Entdeckung blieb
den genannten Herren vorbehalten; möge sich das Publikum selber von
ihrer Wahrheit oder Unwahrheit überzeugen durch eigene Einsicht in die
Schriften von D. F. Strauß.

V

(1896).

Ausgewählte Briefe von David Friedrich Strauß.

Herausgegeben und erläutert von Eduard Zeller. Bonn, Verlag von Emil Strauß. 1895.

Professor Zeller hat sich durch die Veröffentlichung der ausgewählten Briefe von David Friedrich Strauß (608 an der Zahl) ein großes Verdienst erworben. Sowohl diejenigen Leser, welche Strauß persönlich gekannt haben, als auch die, welche ihm im Leben fern standen, überhaupt alle Freunde und Verehrer des Entschlafenen werden es dem Herausgeber Dank wissen, daß er sein Bild mit so vielen Zügen bereichert und seine Persönlichkeit der Mit- und Nachwelt näher gebracht hat. Wir leben gleichsam sein ganzes Leben noch einmal mit ihm durch, von der Zeit an, da der 22jährige als Vikar seine erste Predigt hielt (Herbst 1830), bis vier Tage vor seinem am 8. Februar 1874 erfolgten Tod.

Der Verfasser des nachstehenden Aufsatzes hat Strauß während der letzten zwanzig Jahre seines Lebens (seit Herbst 1854) nahegestanden*) und glaubt sich deshalb über seine Persönlichkeit, deren Grundzüge immer noch zu wenig allgemein bekannt und vielfach verkannt sind, ein Urteil zutrauen zu dürfen.

Straußens Gattin habe ich nicht gekannt. Ihr Leben hat sie selbst beschrieben in dem 1857 bei Ebner und Seubert in Stuttgart erschienenen Buch: „Aus dem Leben einer Künstlerin von Agnese Schebest. Meinen geliebten Kindern Georgine und Fritz Strauß herzlichst gewidmet." Das beigegebene Bildnis (in Stahlstich) zeigt feine, edle Züge und ein klassisches Profil. Nach allen Mitteilungen, die über sie vorliegen, muß sie von hervorragender Schönheit gewesen sein, eine junonische Erscheinung nach dem Urteil aller, die sie persönlich kannten; ihre Darstellung auf der Bühne übte in allen Rollen, in denen sie auftrat (die hauptsächlichsten waren „Fidelio", „Alice",

---

*) Siehe hierüber das Vorwort.

„Norma", „Medea", „Romeo", „Sextus") eine außerordentliche Wirkung auf die Zeitgenossen. Dem Zweck dieses Aufsatzes liegt es fern, ihre künstlerischen Leistungen, die mit dem Eintritt in die Ehe, im August 1842, zu Ende waren, zu berühren; die Briefe von Strauß, besonders aus den Jahren 1837 und 1838, enthalten aber auch hierüber höchst interessante Bemerkungen. Von dem mächtigen Eindruck ihres Gesanges giebt u. a. ein Gedicht von Justinus Kerner, der von diesem, wie von ihrer ganzen Persönlichkeit entzückt war, einen sprechenden Beweis (s. die Briefe von Strauß, Zugabe zu Brief 118, S. 132 f.).

Die Briefe sind das einzige, was uns von Strauß noch gefehlt hat, sie bilden die erwünschte Ergänzung zu den Literarischen Denkwürdigkeiten und dem Poetischen Gedenkbuch, und ihre Veröffentlichung giebt der Hoffnung Raum, daß die Zeit für die Zusammenfassung und Gestaltung des gesamten Materials zu einer ihres Namens würdigen Biographie von Strauß nicht mehr allzu fern sein wird; wobei wir allerdings voraussetzen, daß noch eine weitere Anzahl Briefe bekannt gegeben oder wenigstens dem zukünftigen Biographen die Einsichtnahme in diese gestattet wird.

Eigentümlich berührt es auf den ersten Blick, daß neben den Briefen von Strauß nur zwei kleine Nachschriften von seiner Gattin (zu Brief 120 vom 29. Juli 1842 an Straußens Schwägerin Frau Amalie Strauß S. 135 und zu Brief 160 vom 19. Februar 1845 an Vischer und dessen Frau S. 168), aber keine Briefe a n Strauß mitgeteilt sind; freilich würde das Anfügen solcher vielleicht dem eigentlichen Zweck, der auf eine genaue Kenntnis speziell von S t r a u ß abzielt, weniger förderlich gewesen sein und das Interesse des Lesers mehr auf allgemeinere Gebiete gelenkt haben. Indessen vermißt man doch manchmal ungern ein Antwortschreiben. Z. B., um einen Fall zu erwähnen, legt Strauß Schöll eine „Goethefrage" vor (im Brief 213 S. 225): „Ist es denn wahr, daß die Aenderung in der Bühnenbearbeitung des „Faust":

Lebte nur von Milch und Käse

— — —

Als wie der gelehrteste Chinese —

von Goethe selbst ist? Dingelstedt behauptet's, und ich möcht's nicht ohne Not auf dem Alten sitzen lassen." Man erführe doch gern, was Schöll darauf geantwortet hat.*)

---

*) Näheres hierüber findet sich in dem sehr lesenswerten Buche von A. Palm: Briefe aus der Bretterwelt. Ernstes und Heiteres aus der Geschichte des Stuttgarter Hoftheaters. Zweite Auflage. Stuttgart, bei Bonz u. Comp., 1881. Dasselbe enthält einen interessanten Briefwechsel zwischen Strauß und Dingelstedt über den obigen Gegenstand.

Die weitaus größte Zahl der veröffentlichten Briefe ist an Rapp gerichtet, der auch im Poetischen Gedenkbuch unter den Freunden am meisten bedacht ist, und dies ist schwerlich ein Zufall. Strauß sagt in einem Briefe an Vischer (Brief 238 vom 1. Januar 1850, S. 252), Märklins Briefe an Rapp seien wertvoller, als die an ihn (Strauß), Märklin schließe sich Rapp mehr auf, dies habe ihm anfangs wehe thun wollen, allein er finde es der weiblichen, rezeptiven Natur Rapps gegenüber natürlich; wahrscheinlich schrieben auch sie beide (Vischer und Strauß) ihre besten Briefe an Rapp. Dies stimmt aufs genaueste, auch nennt Strauß im Briefe 590 (vom 6. Novbr. 1873, S. 564) Rapp seinen vertrautesten Freund. Wie innig das Verhältnis von Strauß zu Rapp und seinen übrigen Freunden war, wußten wir schon, namentlich aus der Biographie Märklins und dem Poetischen Gedenkbuch, und sehen es hier in reichstem Maße bestätigt.

Die mitgeteilten Briefe sind vor allem nach dem Gesichtspunkt zu betrachten, daß wir mit Strauß' eigener Entwicklung, seinem Lebensgang und seinem Charakter noch mehr vertraut werden, als wir dies bisher schon waren.

Strauß war von Hause aus Theologe, und niemand hat es mehr bedauert, daß er die Theologie als Beruf aufgeben mußte, als er selbst. Aufgeben mußte? Allerdings. Zunächst aus äußeren, dann aus inneren Gründen. Die äußeren Gründe liegen vor aller Augen: seine Absetzung nach dem Erscheinen des ersten Bandes seines Lebens Jesu im Sommer 1835, die Vereitelung der Berufung an die Züricher Universität im Jahre 1839, hierauf noch vereinzelte, schwache Hoffnungsblicke, eine theologische Professur an einer Universität zu erhalten, begleitet schon von dem dazwischen auftauchenden inneren Widerstreben, eine solche anzunehmen (s. Brief 70 vom 11. Juni 1839 an Rapp, S. 89).

Die Streitschriften, die Strauß im Anschluß an sein Leben Jesu schrieb, bewegen sich, wenn auch nicht ausschließlich, doch vornehmlich noch auf theologischem Gebiet, Strauß blieb in der Theologie bis zur Vollendung seiner Dogmatik im Jahre 1841. Mit dieser, welche mit der Zersetzung und Auflösung der christlichen Glaubenssätze schloß, schließt auch Straußens erster Lebensabschnitt; er hatte nicht bloß äußerlich, sondern ebenso innerlich abgeschlossen mit der Theologie, und es war durchaus natürlich, daß er nunmehr alles Theologische beiseite ließ. Allein so sehr entfremdet er sich auch der Theologie fühlte, so empfand er doch wieder Sehnsucht und Heimweh nach ihr (vergl. S. 257, Brief 244 vom 30. Mai 1850 an Käferle), und dies deshalb, weil die Theologie sein erster und einziger Beruf gewesen war, und weil er keinen anderen Beruf finden konnte, in dem er sich selber zu genügen vermochte (Brief 247 vom 13. Oktober 1850 an

Vischer, S. 262 f.): er, der eine Vielseitigkeit besaß, wie sie selten vorkommt, sah sich in allen Fächern außer der Theologie zeitlebens als einen Dilettanten an (s. u. a. schon den Brief vom 1. Oktober 1843 an Strauß' Bruder, Nr. 145, S. 154). Man kann die zahlreichen hierüber handelnden Briefe (die bedeutsamsten sind Nr. 247, S. 261 ff. und Nr. 278, S. 303 f.) (1)*) nicht ohne das tiefste Mitgefühl lesen; hätten wir nur recht viele s o l c h e r Dilettanten unter unseren Schrift= stellern!

Werfen wir nun die Frage auf, wie es wohl geworden wäre, wenn man Strauß nicht gewaltsam seinem Beruf entrissen hätte, so ist diese schwer zu beantworten. So viel aber ist sicher, daß in diesem Fall Straußens Entwicklung einen natürlicheren und regelmäßigeren Gang genommen hätte, und es ist nach unserer festen Ueberzeugung aufs tiefste zu beklagen, daß dieser Mann, der zur Regelmäßigkeit in jeder Hinsicht beanlagt war, wie wenige, der Unsicherheit der Berufs= losigkeit ausgesetzt wurde. „Die Wissenschaft und ihre Lehre ist frei": wenn die württembergische Regierung diesem Satze getreu Strauß eine Professur an der Landesuniversität verliehen hätte, es wäre sicherlich nicht zu ihrem Nachteil gewesen; und der Wissenschaft würde es zum Vorteil gereicht haben, wenn Strauß die Gelegenheit geblieben wäre, zu erproben, ob er auf einem akademischen Lehrstuhl, wie er noch später (s. Literarische Denkwürdigkeiten, S. 60) meinte, nach und nach alle Quelladern seines Talents in das theologische Strombett hätte leiten und auch die ästhetisch=poetischen Seiten seiner Natur für die akademische Thätigkeit hätte fruchtbar machen können.**) Wie dem

---

*) Siehe die am Schlusse dieses Aufsatzes folgenden Anmerkungen.

**) Über diesen Äußerungen von Strauß schwebt eine gewisse Unklarheit. Man ersieht nicht ganz genau, ob Strauß nur eine theologische oder überhaupt eine akademische Professur meint, und dies mag daher rühren, weil, wie wir glauben, Strauß selbst sich hierüber nicht völlig klar war. Wir sind der Ansicht, daß das t h e o l o g i s c h e Strombett auf die Dauer nicht ausgereicht haben würde, um alle Ideen von Strauß aufzunehmen und flüssig zu machen, daß aber durch die Versagung einer Lehrstelle an einer Universität Straußens Entwicklung, die individuelle wie die wissenschaftliche, beeinträchtigt worden ist, und daß wir im entgegengesetzten Falle noch ganz andere Früchte von seiner wissenschaftlichen Thätigkeit geerntet hätten. Das Einfachste und wahrscheinlich Richtigste wäre gewesen, wenn Strauß einen Lehr= stuhl für Philosophie oder auch nur für Literaturgeschichte und verwandte Gebiete erhalten hätte. Dann hätte er ein Amt gehabt, das seine ganze Thätigkeit in An= spruch nahm und ihn befriedigte; daß er hierfür an seinem Platze gestanden hätte, unterliegt keinem Zweifel. Und wie würde ihm seine Kenntnis der altklassischen Literatur dabei zu statten gekommen sein! Wußte er doch, wie er selber in seinem Aufsatz über Beethovens neunte Symphonie scherzweise erwähnt, was aber buchstäblich richtig war, den halben Horaz auswendig, den er alle Jahre zu seinem Vergnügen, wie er zu sagen pflegte, ganz durchlas. Bei seiner öffentlichen Wirksamkeit als Uni= versitätslehrer würden auch andere von diesem Genuß etwas mitbekommen haben!

nun auch sein mag, wir dürfen uns nicht dabei aufhalten, wie es hätte werden können; wir müssen nur betonen, daß Strauß an die genannte Möglichkeit glaubte, und Strauß k a n n t e sich selbst.

Wohin wandte sich nun Strauß, als er — wie er meinte, für immer — der Theologie Valet gesagt hatte? Daß er keinen Beruf, kein Amt mehr hatte, die Klagen darüber währten fort, so lange er lebte, mündlich und schriftlich. Aber er wurde doch Schriftsteller, anerkannter Schriftsteller auf verschiedenen Gebieten: war dies kein Beruf? Wer Strauß dies gesagt hätte, wäre übel angekommen. Bin wohl gar zum Literaten avanciert, wäre seine m i l d e s t e Antwort gewesen. Denn so war Strauß; das Schriftsteller- oder Literatentum hielt er für keinen Beruf, schriftstellern mochte jemand so nebenbei, aber der richtige Mensch mußte ein Amt haben, eine praktische Thätig- keit (zu vergleichen die Stellen im Brief 136 vom 5. März 1843 an Vischer S. 148: „Wie viel unsereinem mit einem akademischen Amt entgeht, wie Unersetzliches, davon kann ich sprechen," im Brief 555 vom 3. Dezember 1872 an Kuno Fischer, als dieser seinen Band der Geschichte der Philosophie über Schelling vollendet hatte: „Es ist der Segen der Berufsthätigkeit, wie Du sie hast, in geschlossener Reihe fortarbeiten zu können und nicht mit jedem Werke wieder vorn anfangen zu müssen" [S. 541], sowie viele andere Stellen). Mag man diese Strenggläubigkeit Straußens für altväterlich, altfränkisch u. dergl. halten, es war nun einmal so, und ganz unrecht vermögen wir Strauß im Grunde nicht zu geben.

Und nun fiel gerade in jene Zeit der unglücklichste Schritt seines Lebens, seine H e i r a t.

Wenn Strauß es als das Unglück seines Lebens ansah, daß er in seinem Fach, der Theologie, keine Anstellung, kein Amt erhielt, so ist mit noch größerer Sicherheit seine E h e das zweite Unglück seines Lebens zu nennen. Hierüber erhalten wir nun, wie wir zu unserem Bedauern offen gestehen müssen, aus den von Zeller veröffentlichten Briefen nur sehr geringe Auskunft, und wenn wir nicht sonst über den Verlauf von Straußens Ehe einigermaßen unterrichtet wären, die hier mitgeteilten Briefe würden uns kein Bild und teilweise sogar ein falsches Bild davon geben. Es ist natürlich schwer, über Briefe, die man nicht vor Augen hat, ein Urteil dahin abzugeben, ob sie sich zur Veröffentlichung eignen oder nicht. Dennoch glauben wir nicht zu viel zu behaupten, wenn wir sagen, daß Zeller höchst wahrscheinlich in der Auswahl der Straußischen Briefe für den Druck allzu ängstlich und diskret verfahren hat, und stützen uns hierbei auf den Vorgang bei dem Poetischen Gedenkbuch. Dort ist nämlich außer Zweifel, daß Zeller in der Diskretion zu weit gegangen ist, indem er Gedichte, die in der für Strauß' Freunde als Manuskript ausgegebenen Familien-

ausgabe bereits gedruckt vorlagen, bei Herausgabe der Gesammelten
Werke dem größeren Publikum vorenthielt, unter diesen eine Perle
der ersten Sammlung, die sieben Gedichte „Vor dem Fernrohr", deren
letztes: „Ein Gottloser, fürwahr, nie bin ich's gewesen"
u. s. w. für die Beurteilung von Straußens Weltanschauung, besonders
mit Rücksicht auf sein letztes Werk, „den alten und den neuen Glauben,"
zum mindesten nicht ohne Wert und Bedeutung ist. Zeller giebt dies
auch selbst zu, indem er in dem Vorwort zum Poetischen Gedenkbuch (Gesammelte Schriften von D. F. Strauß Band 12, S. XIV) sagt:
„Manche Stücke, die eine Zierde der früheren Ausgabe gewesen waren,
mußten von der neuen ausgeschlossen werden, um nicht Rücksichten zu
verletzen, welche Strauß' Kinder selbst da ehren zu müssen glaubten,
wo sie ihnen über das Maß des notwendigen hinauszugehen schienen."

Zeller sagt in der Einleitung zu der zweiten Abteilung der
Briefe (1842--1848): „Wir sehen in diesen Briefen den einsamen
Gelehrten durch seine Verbindung mit einer hochbegabten Künstlerin
einen in seinem Innern längst vorbereiteten Schritt wagen, der seinem
Leben einen neuen Gehalt geben sollte. Wir bemerken aber auch bald,
wie die frohen Hoffnungen sich doch nur teilweise erfüllen, und wir
könnten, wenn wir es nicht vorher schon wüßten, auch den hier mitgeteilten Briefen (nicht alle uns vorliegende waren zur Veröffentlichung
geeignet) entnehmen, daß ihr Verfasser trotz mancher, mit der Zeit
immer spärlicher werdender Lichtblicke, in seiner Ehe das Glück nicht
gefunden hatte, das er sich von ihr versprach. Wie damit das zeit-
weise Erlöschen seiner schriftstellerischen Produktivität zusammenhing,
sagt uns Strauß selbst Ges. Schr. I, 15 f."

Der bedeutsamste Brief für Straußens Eheschließung ist der
vom 2. Mai 1842 an Märklin (Nr. 117 S. 131 f.), in dem Strauß
den „wesentlichen" Punkten, unter denen er außer der Gestalt den
Geist und das Gemüt versteht, die in der Verschiedenheit der beiderseitigen Lebensgewohnheiten wurzelnden Bedenken gegenüberstellt, die
er als „unwesentlich" bezeichnet, die sich aber schließlich als allzu
wesentlich erwiesen, weil sie leider nicht blos in Lebensgewohnheiten,
sondern in dem Gegensatz der Charaktere bestanden: dies alles bei
voller Klarheit, wie sie sich Strauß in allen Lebenslagen bewahrte,
mit wahrhaft tragischer Verblendung; der Brief schließt ahnungsvoll
mit den Worten: „Giebt's eine Tragödie, — nun so war der nicht
auszuweichen. Ich habe aber im Stillen eine bessere Hoffnung."

Dieser Brief ist länger als ein Vierteljahr vor dem Eingehen
der Ehe geschrieben. Die übrigen Briefe bis dahin sind voller Hoffnung, wie dies ganz begreiflich ist, Strauß lernte seine Braut „immer
mehr lieben und schätzen" (Brief 121, S. 136); beim Lesen wird
man von elegischer Stimmung ergriffen, und man möchte einmal über

5*

das anderemal ausrufen: Armer Strauß! Der letzte Brief vor der Hochzeit (Nr. 122) ist vom 6. August 1842 und an Rapp gerichtet. In ihm heißt es S. 138: „Agnes kann gründliche Prüfung wohl ertragen. Bei mir hat sie diese durchgemacht, und ich weiß mit jedem Tag mehr, daß ich das redlichste Herz und die schönste w a h r h a f t m e n s c h l i c h s t e Natur an ihr gewonnen habe. Ich bin vergnügt und ordentlich stolz darüber, wie über ein gelungenes Werk, daß ich hier meinem Herzen gefolgt bin, ohne mich durch die allerhand Warnungs= tafeln, die gerade für meine verständige und bürgerliche Natur hier zahlreich vorhanden waren, irre machen zu lassen. Es muß, es wird gut gehen — wo nicht, so müßte die Schuld mehr an mir, als an ihr liegen. Es giebt Punkte, wo wir nicht einig sind, die aber mehr zu ihren Gewohnheiten, als zu ihrer Natur gehören und daher nicht unüberwindlich sind. Und dann bin ich auch so eingebildet nicht, um nicht zu wissen, daß auch ich in manchen Stücken einer Ergänzung und Berichtigung bedarf."

Mit wachsendem Interesse verfolgen wir in den Briefen aus der Ehestandszeit die Aeußerungen von Strauß, erfreuen uns an den naiv= glücklichen Lauten, die uns den scharfen Kritiker menschlich nahe bringen, und hegen im Stillen die Hoffnung, das Schicksal möge die beiden trefflichen Menschen verschonen. Und diese Hoffnung scheint fast in Erfüllung gehen zu wollen, kein Mißton trübt das idyllische Glück des Strauß'schen Ehepaares — d. h. soweit uns die von Zeller mit= geteilten Briefe Auskunft geben. Am 18. November 1842 schreibt Strauß im Brief 127 an seinen Freund Käserle (S. 142): „Sonder= barerweise erträgt meine Frau die hiesige Abgeschiedenheit leichter, als ich, und würde sich nicht gerne von unserem Landsitze trennen." Im Brief 128 vom 2. Dezember 1842 schreibt er (S. 143) an Rapp: „Es fehlt jetzt Deinem Freunde an nichts gutem mehr, als an einer Arbeit, denn Lesen ist nicht arbeiten, und ich kann auch das Lesen, wenn es keinen bestimmten schriftstellerischen Zweck hat, nicht mehr als Studium betreiben, sondern nur als Zeitvertreib." — — „Auch hätte meine Frau ohne Zweifel mehr Respekt vor mir, wenn ich noch wie sonst arbeitete; ich lege ihr zwar öfters meine Schriften vor und sage ihr, daß ich das alles geschrieben — aber nächstens glaubt sie's nicht mehr. Nun, sie wird Dir ja selbst schreiben und mich zwar hoffentlich in jeder anderen Hinsicht loben, nur in derjenigen nicht, die sonst das Löblichste an mir war."

Im Brief 129 vom 9. Dezember 1842 schreibt Strauß an Bischer (S. 143 f.): „Mit dieser Frau habe ich viel gutes bekommen, und mehr als ich wissen und erwarten konnte, so wunderbar findet sie sich in die neue Rolle, die ihr mit mir angewiesen ist. Ich sehe hier, wie die weibliche Natur, wenn sie unverdorben sich treu geblieben,

durch alle Abwege anderweitigen Berufs hindurch die Bestimmung zum
Hausmütterlichen in sich trägt. Wir haben jetzt auch die erste Wäsche
gehabt, und die hat meine Frau mit Ausnahme meiner Hemden ganz
selbst gebügelt. Wie der Wäscheschrank wieder voll und eingeräumt
war, hatte sie eine solche Freude über den stattlichen Vorrat, daß sie
mich hinausholte, es mit anzusehen. Dagegen hatte sie gestern eine
ebenso anmutige Freude, in ihr ehemaliges Métier wieder einen
Spazierritt thun zu dürfen, — es war nämlich bei Kaufmann Goppelts
eine musikalische Abendunterhaltung unter Kauffmanns Direktion, wobei
sie die Hauptpartien zu singen hatte, aber auch Märklin sang im Chor
mit. Zwar haben wir uns auch schon recht gezankt, wie das gar nicht
anders sein kann bei zwei Leuten, die von den beiden Enden der Welt
her ein sonderbarer Wirbelwind zusammengestürmt hat, allein wir haben
dergleichen Mißverständnisse immer redlich offen und gründlich behandelt,
und so sind die Krisen immer gutartig und Quelle reineren Wohl=
befindens für künftig geworden." Hier folgt eine Klage über mangelnden
Beruf im Gegensatz zu Vischer, wie der Brief mit einer solchen schon
begonnen hatte; sodann der Schluß: „Meine Frau sagt immer, ich
liege auf der Bärenhaut, so sehr ich mich auch bemühe, ihr diese
Unterlage als eine Lorbeerstreu aufzureden."

In dem Brief an Rapp Nr. 130 vom 20. Dezember 1842
schreibt Strauß (S. 145): „Es ist eigen, wie gleichgiltig meiner Frau
die Gesellschaft ist, und bei mir ist's am Ende auch mehr Einbildung
als Wirklichkeit, da ich in Stuttgart selbst nicht öfter darein kam."

Im Brief 138 vom 29. März 1843 schreibt Strauß an Rapp
(S. 149 f.): „Jetzt erwarten wir also bald Eltern zu werden." —
— „Mit dem Glück, von dem ich Dir schreiben soll, ist's eine eigene
Sache. Unsereinen mag man in Abrahams Schoß hineinsetzen, so spürt
er seine alten Schäden und Schußnarben, besonders wenn's ander
Wetter giebt. Uebrigens ist es auch etwas eigenes um die Art Er=
wartung, wie ich jetzt darin lebe; auch der Frühling hat hier sein an=
genehmes; überdies hat Agnes ihre Kindersächelchen mit einem Eifer
und einem Geschick zusammengebostelt, daß ich sie auch in diesem Fach
bewundern muß, von der Haushaltung gar nicht mehr zu reden, worin
sie schon ganz in meinem Sinne thätig ist. Hier schicke ich Dir ein
Gedicht, das ich meiner Frau kürzlich gemacht habe, weil Du doch
partout etwas von Glück hören willst." Es folgt ein reizendes Ge=
dichtchen, das nur in einer glücklichen Stunde gedichtet sein kann.

Beim erstmaligen Lesen dieses Briefes kam mir die Stelle, daß
es mit dem Glück, von dem Strauß schreiben solle, eine eigene Sache
sei, etwas bedenklich vor, offenbar deshalb, weil wir Zellers Einleitung
zufolge bedenkliche Stellen zu erwarten haben und nach solchen auf der
Suche sind. Bei näherer Betrachtung ergiebt sich aber, daß die be=

treffende Stelle keinen anderen Sinn haben kann, als in Bezug auf die Erwartung eines Kindes, wie aus dem nächstfolgenden Satz unzweifelhaft hervorgeht; Straußens Verhältnis zu seiner Frau wird durch sie nicht berührt. Zudem enthält der Brief nicht das mindeste, was auf eine Verstimmung zwischen beiden hinwiese.

Brief 142 vom 23. Juli 1843 S. 152 f. enthält Straußens Antwort auf Rapps Vorhalt über seine Unthätigkeit; mit dem besten oder bösesten Willen wird man hier nicht eine Spur von Beziehung zu Straußens Frau entdecken können.

Der Brief 150 vom 10. Juni 1844 an Rapp ist der erste, der auf ein Erkalten des Verhältnisses, auf einen Zwiespalt, ein Zerwürfnis oder wie man es nennen soll, hinweist; es fehlt uns die Grundlage, um die richtige Bezeichnung zu wählen, wir sind nach allem, was wir aus den bisherigen Briefen entnehmen konnten, in hohem Grade erstaunt, daß Strauß schreiben kann, das Kind möchte er zuweilen hier haben, es sei mit der Mutter wohl in Nürnberg (bei Agnesens Mutter) angekommen; die „Sache" habe zu einem milden, jenseits sogar thränenreichen Abschied geführt; auch habe er einen guten Brief erhalten, der ihn anfangs freute; wie nun die „Sache" weiter zu machen, müsse die Zeit lehren; er habe ein fast schreckhaftes Erstaunen bewirkt, als er von möglicher Ausdehnung des Aufenthalts in Nürnberg bis zum Herbst anerbietend gesprochen habe.

Weshalb dies alles? Da muß viel dazwischen liegen, und hierüber geben die bisherigen Briefe keine Aufklärung (was diese von einem hier und da vorgekommenen Dissens berichteten oder andeuteten — und dies kaum —, waren Kleinigkeiten, wie sie überall, in allen Freundschaftsverhältnissen und in jeder Ehe vorkommen), und aus den späteren Briefen erfahren wir auch nicht viel mehr. Es wäre aber doch höchst wünschenswert, über die Differenzpunkte der Ehegatten unterrichtet zu werden; wenn doch wenigstens ein Brief mitgeteilt wäre, der darüber handelt! Eine einzige Andeutung erfolgt in einem späteren Brief (Nr. 215 vom 9. November 1848), worauf wir weiter unten zu sprechen kommen, (s. S. 72).

In dem Briefe 162 vom 11. März 1845 (S. 170) an Zeller spricht Strauß in liebevoller, gemütlicher Weise von seiner Frau (man bedenke: alle diese Briefe sind an ganz vertraute Freunde gerichtet, denen Strauß gewiß nichts vorenthält), ganz die nämliche gemütliche Stimmung herrscht in dem Brief an seinen Bruder Nr. 168, S. 174 vom 2. Mai 1846 (inzwischen ist im November 1845 die Geburt eines zweiten Kindes erfolgt) und in dem beigefügten herrlichen Prolog, der vom heitersten Humor erfüllt ist (wie köstlich ist der Reim

„Schebeſt" auf „gebeſt"!), da trifft uns wie ein Blitz aus ungetrübtem Himmel der Brief an Viſcher (Nr. 174, S. 189) vom 16. Auguſt 1846. Straußens **Ehre**, heißt es darin, iſt im Spiel; wie ſo? Er hat ſich **ſchämen** müſſen und müßte es fortwährend; worüber? Da verlangt der teilnehmende Leſer, wie wir glauben mit Recht, einige Auskunft und Erklärung; allein er erhält keine, und wenn er nochmals ſämtliche Briefe von Strauß während des Zuſammenlebens mit ſeiner Frau vom Auguſt 1842 bis Auguſt 1846 durchlieſt: er erfährt ſo gut wie nichts. Wenn es aus Rückſichten verſchiedener Art nicht möglich war, **mehr** mitzuteilen, ſo wäre es richtiger geweſen, auch den Brief an Viſcher vom 16. Auguſt 1846 wegzulaſſen; denn mit dieſen Allgemeinheiten iſt niemandem, am wenigſten Strauß' Freunden, gedient. **Entweder mehr oder weniger!**

Auch was Strauß in dem Brief an Viſcher (vom 16. Auguſt 1846) über Zeller und deſſen angeliſche Natur ſchreibt, läßt uns zwar einen tiefen Blick in Straußens weiches und reiches Gemüt thun, giebt uns aber im Übrigen keine Aufklärung.

Strauß ſagt in den Literariſchen Denkwürdigkeiten S. 15 f. (es iſt dies die Stelle, auf die auch Zeller in ſeiner Einleitung zur zweiten Abteilung der Briefe verweiſt): „Ich rede von meiner Heirat, oder ich rede vielmehr nicht von ihr, ſondern nur von den Wirkungen, die ſie auf meine Schriftſtellerei gehabt hat. Sie brachte dieſe zum vollkommenen Stillſtand. Während der vierjährigen Dauer meiner Ehe habe ich nichts, kein Buch, keine Abhandlung, keinen Auffatz geſchrieben. Von den furchtbarſten Fragen der eigenen Exiſtenz bedrängt, wie ich jene ganze Zeit über war, lagen mir die wiſſenſchaftlichen Fragen fern, ſo fern, wie dem Schiffbrüchigen, dem das Waſſer bis ans Kinn geht, die Sorge für die Bewirtſchaftung ſeiner Güter am Lande." Hiermit ſtimmt der Inhalt der Briefe, d. h. der von Zeller mitgeteilten Briefe **nicht** überein. Keine Zeile finden wir in dieſen, die eine ſo bittere Stimmung von Strauß verriete, wie deſſen Auslaſſung in den Literariſchen Denkwürdigkeiten. Im Brief 161 vom 4. März 1845 an Viſcher ſpricht Strauß (S. 170) von ſeinem „verſtimmten Widerwillen gegen das Schreiben," der ſehr groß ſei, ohne auf den Grund deſſelben einzugehen und ohne ſeiner Frau Erwähnung zu thun. Dagegen finden wir in einem nur fünf bis ſechs Wochen früher geſchriebenen Brief an Viſcher (Nr. 158, vom 25. Januar 1845) auf S. 165 f. eine Stelle, die entſchieden zu **gunſten** ſeiner Frau ſpricht: „Nun wollte ich das Angefangene liegen laſſen, aber meine Frau ließ mir keine Ruhe und ſagte, es ſei nicht genug, daß einer recht habe, man müſſe dem Publikum auch ſagen, daß er es habe. Da mir dies einigermaßen (!) einleuchtete, ſo brachte ich den Artikel doch zu Ende und ſchickte ihn noch geſtern ab." Hieraus geht doch ohne allen Zweifel hervor, daß Straußens Frau ihn in diesem Falle zum Schreiben angeregt hat, und es ist nicht anzunehmen, daß dies der einzige derartige Fall gewesen ist. Ferner zeigt Frau Agnese eine rege Teilnahme für Straußens Freunde und ein gesundes naives Urteil über diese und ihren Gatten. Im Brief 140 (S. 151) schreibt Strauß am 20. April 1843 an Rapp: „Auch meine Frau hat sich wahrhaft an ihm [Baur] erbaut; sie sagte, so sehr auch wir drei, Zeller, Märklin und ich, ganze Kerls seien, so merke man doch, daß er der Vater von uns allen sei."

Ihre Klagen, daß Strauß „auf der Bärenhaut liege" (Brief 129 vom 9. Dezember 1842 an Vischer, s. oben S. 69) beweisen doch (zunächst wenigstens, um uns ganz vorsichtig auszudrücken,) nichts gegen sie, ebensowenig wie der Umstand, daß sie, wie Strauß im Brief 143 vom 12. August 1843 an Rapp schreibt (S. 153), dessen Briefe nicht liest, wenn er ihr nicht daraus vorlese: sie sei keine lesende Natur (diese Eigenschaft teilt sie mit mancher anderen verständigen Frau), auch nicht neugierig, fast möchte er sagen: er wollte, sie wär's, denn Neugier sei weiblich.

So erscheint Strauß in ungünstigerem Licht, als bisher, seiner Frau gegenüber, lediglich, wie wir überzeugt sind, infolge der allzu spärlichen Veröffentlichungen Zellers, und man versteht Straußens Äeußerung in den Literarischen Denkwürdigkeiten nicht.

Die einzige Stelle, die einen positiven, freilich sehr dürftigen Anhaltspunkt für die Dissonanzen zwischen den Ehegatten bietet, findet sich in dem Briefe an Märklin, Nr. 215 vom 9. November 1848, S. 227. Hier hören wir von den „alten grellen Mißtönen — Selbstzufriedenheit, Scherz u. s. w." Dies ist alles. Und nun fragen wir: ist dies ausreichend, um uns ein Bild zu geben von Straußens unglücklicher Ehe?

Wir unterlassen es, den schmerzlichen Nachklängen nachzugehen, die nach der Trennung durch Straußens ganzen Briefwechsel hindurchklingen: wie tief er gelitten, ist außer anderen unzähligen Stellen aus dem an Vischer gerichteten Brief Nr. 185 vom 29. Juli 1847, S. 196, zu ersehen. Zu empfehlen ist es, beim Lesen dieser Briefe zugleich das Poetische Gedenkbuch zur Hand zu nehmen.

Schmerzvoll sind diese Nachklänge, und sie eröffnen uns einen tiefen Blick in das Gemüt dieses „Verstandesmenschen". Aber nirgends zeigt sich eine Spur von Selbstanklage und von Schuldbewußtsein. Hätte sich aber Strauß Vorwürfe zu machen gehabt, so müßten sich hiervon Zeugnisse finden in den Briefen an seine vertrautesten Freunde; denn Strauß war ein Mann, der wahr in allen Verhältnissen des Lebens war, wahr vor allem gegen sich selbst:

> „Auch im Grabe noch will euer
> Alter Freund kein Heuchler sein."

Darum bedürfen wir um so mehr der Aufklärung, wodurch es kam, daß diese Ehe in so hohem Grade unglücklich wurde; denn der allgemeine Grund, daß die Charaktere nicht zueinander paßten, kann uns nicht befriedigen.

Und noch eins! Wäre nicht in Straußens Ehe ein modus vivendi zu erreichen gewesen, wie ein solcher bei so vielen Ehen vorkommt? Gewiß war dieser, wie ich wenigstens glaube, zu erreichen bei gegenseitiger — Nachgiebigkeit. Allein Nachgiebigkeit war Straußens Sache nicht — von seiner Gattin muß für uns das non liquet mit Neigung zur Verneinung gelten —, wie seiner Freunden sehr wohl bekannt war.*) —

Nachdem Märklin im Oktober 1849 gestorben war, schrieb Strauß am 28. dieses Monats an Rapp (Brief 234, S. 249), er lebe ja nur von seinen Freunden. Wir glauben die zahlreichen Briefe an seine Freunde als Bestätigung dieser Aeußerung ansehen zu dürfen. Die Beziehungen zu den einzelnen Freunden hier zu verfolgen, würde indessen zu weit führen, so interessant es auch wäre, ihnen nachzugehen. Statt dessen wollen wir lieber einige Charakterzüge von Strauß hervorheben, wie sie vornehmlich im Verkehr mit den Freunden sichtbar wurden.

Im Brief 226, vom 24. Februar 1849, an Vischer spricht Strauß (S. 239) von dem allzu Afficiblen seiner Natur, und im Brief 96 vom 13. November 1841 an Märklin schreibt er sich sogar (S. 110) die „leidenschaftliche Aeußerung einer grundlosen Empfindlichkeit" zu. Hier haben wir wieder einen Beweis, wie genau sich Strauß selbst kannte, und wie streng er sich beurteilte. Nicht bloß streng, sondern allzu streng, wie wir meinen. Gewiß, empfindlich konnte Strauß in hohem Grade sein, wie seine Freunde ohne Ausnahme werden erfahren haben, auch leidenschaftliche Aeußerungen von Empfindlichkeit erachte ich seiner Natur entsprechend, obwohl ich solche nicht kennen gelernt habe; allein, daß er sich grundlose Empfindlichkeit zuschreibt, halte ich für übertrieben, dafür war er zu gerecht.

Im Brief 219 vom 23. November 1848 an Märklin S. 230, spricht Strauß von seinem „Urfehler", der ihm schon so viel geschadet habe, zu etwas ihm Widerwärtigen zu lange zu schweigen und dann endlich am unrechten Ort allzu heftig loszubrechen.

Im Brief 244 vom 30. Mai 1850 an Käferle, S. 257, traut sich Strauß „einiges Talent zum Stillleben" zu, und im Brief 264 an Vischer vom 13. Mai 1851 spricht er (S. 292) von seinem „ängstlichen und gedrückten Wesen". Am häufigsten aber kehren seine

---

*) Über Straußens Ehe ist zu vergleichen das in meinem ersten und dritten Aufsatz S. 4 und S. 36 f. Gesagte.

Klagen wieder über seinen Mangel an Lebenslust, wie schon in den Literarischen Denkwürdigkeiten; die ergreifendste Stelle ist in dem Brief an Rapp, Nr. 84 vom 10. April 1841, S. 101, wo er diesen „gänzlichen Mangel an Lebenslust, den schmerzhaften Grundton seines Lebens", physiologisch zu begründen sucht.

Auch dieses Urteil ist zu streng und einseitig. Straußens Mangel an Lebenslust war doch sehr gemildert durch seinen Humor. Diejenigen, welche ihm näher standen in seinem Leben, werden bezeugen müssen, daß die Stunden, in denen er trüb gestimmt oder übler Laune war, keineswegs so häufig vorkamen, wie man nach seinen Selbstbekenntnissen annehmen sollte. Und wie wohlthuend berühren demgegenüber die Züge von gesundem, heiterem Humor, die in seinen Briefen so wenig selten sind, wie sie es im persönlichen Verkehr waren. Man lese z. B. den Brief Nr. 257 vom 29. März 1851 an Rapp, S. 274 f., vor allem aber den Brief 520 vom 20. April 1870, S. 512 ff., der über Rapps Schnurrbart handelt*), sowie den Brief 590 vom 6. November 1873 an Rapp, S. 56.

Welch' liebenswürdiges Zartgefühl Strauß besaß, dafür giebt der Brief 580 vom 12. September 1873 an Kuno Fischer, S. 556 ein vorzügliches Beispiel. Strauß hatte diesem bei seinem Besuch (s. Brief 575 vom 16. August 1873 an Rapp, S. 553) das Manuskript der „Literarischen Denkwürdigkeiten" mitgegeben, „aufgedrängt", wie er meinte, und machte sich, als Kuno Fischer lange nichts von sich hören ließ, sorgenvolle Gedanken, ob derselbe ihm aus irgend einem Grunde böse geworden sei, wobei er auf die Vermutung kam, er könne die „derberen" Striche in den Literarischen Denkwürdigkeiten, die den Gegensatz ihrer Naturen oder vielmehr den Gegensatz ihrer Art, sich zu geben, beträfen, als Dissonanzen empfunden haben. Es findet sich aber in den Literarischen Denkwürdigkeiten von „derben" Strichen, was Kuno Fischer betrifft, keine Spur; nicht ein Wort steht in ihnen, das diesen hätte kränken können, wie er sich in der That auch nicht gekränkt fühlte (s. Brief 595 vom 1. Dzbr. 1873, S. 567).

Und ein eminent positiver Zug in Straußens Wesen bestand darin, daß er mit dankbarer Anerkennung nicht kargte, wo sich nur immer Gelegenheit, etwas anzuerkennen, bot. Hierfür liefert wieder ein Brief an Kuno Fischer den besten Beleg. Am Schlusse des Briefes 426 schreibt Strauß am 7. Oktober 1861 an diesen (S. 437):

---

*) Vergl. hierzu das Gedicht „Des Pfarrers Bart", Band 12 der Gesammelten Schriften S. 173 (in der ersten Ausgabe des Poetischen Gedenkbuchs nicht enthalten), welches durch die Anwendung des kräftigen — von Strauß ebenda S. 22 (Poetisches Gedenkbuch, erste Ausgabe, S. 22) so trefflich charakterisierten — alcäischen Versmaßes eine eigentümliche komische Wirkung ausübt.

„Die Versicherung kann ich Ihnen aus aufrichtigem Herzen geben, daß ich mit keinem selbst meiner ältesten Freunde so gerne wieder vereinigt wäre, als mit Ihnen, da mich noch keiner so geistig verjüngt und erfrischt hat" — was buchstäblich richtig war, und womit die Äußerung im Brief 488 vom 19. Dezember 1866 an Kuno Fischer, S. 492, übereinstimmt: „Besonders hatte ich von Dir wieder, wie einst in Heidelberg, einen ermunternden Einfluß auf meine Arbeitslust und Arbeitskraft gehofft."

Daß Strauß überhaupt in erster Linie eine positive Natur war, diesen Punkt werden wir weiter unten noch besprechen.

Auf Strauß' Vielseitigkeit haben wir bereits hingewiesen. Sie zeigt sich inbezug auf die Kunst darin, daß er auf allen ihren Gebieten heimisch war. Vorab in der Poesie, und hier vorab bei seinem Lieblingsdichter Goethe. Gegen seinen Freund Vischer, der ein wenig — nicht in dem Maße wie Gervinus — in Shakespeareolatrie befangen war, mußte er zu wiederholten Malen die Vorzüge Goethes geltend machen. (2)

Geradezu klassisch ist Straußens Erfassen und Entwickeln einer Goetheschen Grundidee, deren Entwicklung und Darstellung dieser, wenn auch unter Modifikationen, sein ganzes Leben treu geblieben, im Brief 287 vom 4. Februar 1853 an Rapp, S. 313 f. Strauß findet hierfür folgende Formel zur ungefähren Bezeichnung: „die reichen Lebenskräfte der Natur in ihrer Entfaltung, ihren Stockungen (Entwicklungskrankheiten) und ihrer Wiederherstellung

a) nach der Seite des menschlichen Gemüts poetisch darzustellen,

b) nach der Seite der äußeren Natur theoretisch zu erkennen." (3)

Aber auch über andere Dichter finden wie in den Briefen sehr beachtenswerte Äußerungen von Strauß.

In hohem Grade geistvoll ist die Gegenüberstellung des „Zerbrochenen Krugs" von H. von Kleist und des „König Oedipus" von Sophokles, S. 128 im Brief 114 an Vischer vom 4. April 1842, des echt Komischen und der tiefsten Tragik, sowie die Vergleichung von Aeschylus' Choëphoren und Sophokles' Elektra im Brief 110 vom 10. Februar 1842 an Märklin, S. 124 f. (4)

Und wie geistesfrisch sich Strauß bis zum Ende seines Lebens gehalten hat, beweist die treffliche Kritik von Mörikes „Schön Rotraut", die er kurz vor seinem Tode (im Brief 597 vom 17. Dezbr. 1873, S. 569) seinem Freunde Rapp übersandte; besonders bemerkenswert ist auch, was er am Schluß derselben über die Komposition dieses Gedichts durch Mendelsjohn sagt: „Soviel ich weiß, hat u. a. Mendelssohn eine geliefert. Sofern er in alles sich hineinzuempfinden wußte, mag sie ihm gelungen sein; von Haus aus kongenial ist ihm die Dichtung nicht gewesen."

Durch die Briefe von Strauß werden wir auch auf zwei kleine Aufsätze desselben aufmerksam gemacht (s. Brief 390 und 490, S. 404 und 494), die aus seinem Nachlasse in der „Deutschen Revue" veröffentlicht worden sind (1894, Februar= und Aprilheft), der erste über Goethes Marienbader Elegie, der zweite über Schillers Wallenstein, beide Meisterstücke in ihrer Art; über den letzteren Aufsatz, der dadurch ein eigentümliches Interesse erweckt, daß er ganz anders als Strauß sonst zu schreiben pflegte, nämlich in sehr aphoristischer Form gehalten ist, und der eine Fülle von feinen Bemerkungen enthält, urteilt einer unserer ersten Publizisten, daß er bei weitem übertreffe, was Strauß in dem Anhang zu seinem „Alten und Neuen Glauben" über Schiller geschrieben habe. (5)

Und wie bescheiden spricht Strauß selbst von diesen „unbedeutenden Kleinigkeiten" (die „Gedanken über Schillers Wallenstein" hatte er im Jahre 1859 für den Rapp'schen Familienkreis, zu dem damals Strauß' Tochter gehörte, geschrieben: s. Brief 390 an Kuno Fischer vom 27. März 1859, S. 404). Einige andere Beweise von Straußens bescheidenem Wesen werden wir weiter unten bringen.

Im Briefe Nr. 169 vom 3. Juni 1846 nimmt Strauß auf Seite 179 für S ch i l l e r das Talent für das K o m i s ch e in Anspruch: „Warum sprichst Du Schiller das komische Vermögen so rund ab? Sind der Musikus Miller, der Hofmarschall Kalb nicht komische Originalschöpfungen, auf die wir stolz sein dürfen? Und Wallensteins Lager? Und in den Piccolomini das Bankett, der Tiefenbach? Vom Wallenstein ab hört freilich das Komische auf, aber nur in demselben Maß, als der ganze Schiller lederner und manierierter wird. Das zum Teil von Goethe ihm vorgehaltene Gespenst der Klassizität zehrt mit den Schlacken auch ein gut Teil seiner Ursprünglichkeit auf."

Wenn man eine Auseinandersetzung lesen will, die im engsten Rahmen einen wahren Schatz von Feinheiten bietet, so muß man den Brief 290 an Rapp vom 9. Mai 1853 aufschlagen, in welchem Strauß auf S. 316 W i e l a n d mit H a y d n, unter Heranziehung von G o e t h e und M o z a r t, zusammenstellt. (6)

Mit Vater Haydn sind wir bei der M u s i k angelangt, derjenigen Kunst, welcher Strauß, wie er selbst zu sagen pflegte, die seligsten Stunden seines Lebens verdankte — womit die Äußerung im Brief 500 vom 21. März 1868 an Rapp (S. 500) übereinstimmt: „Ein Quartett von Mozart machte mich mit Thränen kämpfen vor Glück."

Strauß' bekannte Vorliebe für Mozart und insbesondere für dessen letzte große Schöpfung, die „Zauberflöte", geht durch eine ganze Reihe von Briefen; daß er aber Mozart nicht in so einseitiger Weise bewunderte und verehrte, wie Gervinus seinen Händel, beweist seine Würdigung anderer klassischer Werke. Wie freute ihn „der Jubel des

Publikums" bei der Aufführung von Cimarosas **Matrimonio segreto**
(s. Brief 267 vom 16. Juni 1851 an Kauffmann, S. 295), und mit
welchem Behagen erzählt er die Äußerung eines einfachen Münchener
Bürgers, der nachher in einem Biergarten seinen Bekannten das Stück
beschrieb und mit dem Ausruf schloß: „Nur eine einzige Dekoration
und doch so unterhaltend!"

Wenn Strauß im Brief 254 am 16. Februar 1851 Kauffmann
(S. 271) mitteilt, er habe kürzlich den „Oberon" mit halber, das
„Nachtlager" mit gar keiner Befriedigung gehört, so liegt die Vermutung nahe, daß an dem ungünstigen Eindruck des Nachtlagers eine
ungenügende Aufführung schuld gewesen sein mag, vielleicht, wie dies
leider oft vorkommt, die übergroße Sentimentalität — was Strauß wie
wenig anderes zuwider war — bei der Hauptperson der Oper; denn
gerade für Kreutzers Musik hatte Strauß viel Sinn und Verständnis.
In Webers „Freischütz" ärgerte ihn nur „der Spuk in der Wolfs-
schlucht". „Es ist doch etwas verruchtes um die Romantik," schreibt
er am 2. Mai 1870 (im Brief 521, S. 514) an Rapp. „Auf
ihrem Boden allein können solche Gräuel erwachsen, und dieser Boden
giebt auch dem Schönen und Gemütlichen, das diese Oper in so reichem
Maße enthält, doch einen kranken Beigeschmack."

Für die Würdigung Mozarts und Beethovens ist in hohem Grade
lesenswert der Brief Nr. 499 vom 5. März 1868 an Rapp, S. 499 f. (7)

Im Brief 249 vom 31. Dezember 1850 an Kauffmann stößt
Strauß in der Eile des Briefschreibens ein kleiner Lapsus zu. Er
schreibt (S. 266): „Dieser treffliche Mann [Rochlitz in seinem Buch:
„Für Freunde der Tonkunst" 4 Bände] führt das Andante der A-dur-
Symphonie als Muster des Anmutigen auf; auch sonst finde ich, daß
A-dur die Tonart der Zufriedenheit sei, dies macht mich an meiner
Empfindung irre, welche bei jenem Andante immer die des seligsten
Schmerzes war; zwar selig, aber doch nur wegen der Reinheit des
Schmerzes." Und wie bescheiden fährt Strauß fort (wir führen mit
Absicht die ganze Stelle an): „Dabei muß ich freilich sagen, daß dieses
Andante eines der ersten Stücke dieser Art war, die ich hörte (Hardegg
spielte mir's auf dem Klavier) in einer Zeit, wo ich ganz ohne Übung
im Hören war; es könnte also sein, daß ich einen falschen Eindruck
bekommen hätte, der nun nicht mehr weichen wollte. Sei so gut und
kläre mich hierüber auf." Strauß hat hier im Augenblick nicht bedacht,
daß das Andante der A-dur-Symphonie aus A-moll geht. Dieses
kleine Versehen können wir ihm aber um so leichter verzeihen, weil er
in seinen musikalischen Sonetten ein besseres und tieferes Verständnis
dieses Unikums aller Andantes bewiesen hat, als Rochlitz mit seiner
einigermaßen fraglichen und jedenfalls nicht ausreichenden Bezeichnung
als Muster des „Anmutigen"; wir meinen die. — mit Straußens

Auffassung in dem obigen Brief in vollem Einklang stehenden — unvergleichlich schönen Verse:

> „Seit Qualen kennt das Herz, das Auge Thränen,
> Ward bittrer, nein! ward süßer nicht geweint."*) (8)

Es mag sein, daß von den bildenden Künsten Strauß mehr für die Erfassung der plastischen, als der malerischen Schönheit organisiert war. Indessen ist zu beachten, daß er von Gemälden wenig gesehen hat; er war nur in München, Dresden, Berlin, und in Italien kam er (es war im Frühjahr 1851) nicht weiter, als bis Venedig; zu einer nochmaligen größeren Reise nach Italien war er nicht zu bestimmen: das litten seine Augen nicht, pflegte er zu entgegnen. Von Sammlungen plastischer Kunstwerke kannte er freilich auch nur die in den genannten Städten, vor allem die Münchener Glyptothek; allein die Schätze der letzteren, die bekanntlich so reich sind, wie keiner anderen Sammlung diesseits der Alpen, und die in ihrer Gesamtheit ein vortreffliches Bild von der Entwicklung der ganzen Plastik von den Aegyptern bis zur römischen Kaiserzeit geben, waren Strauß derart zum vertrauten Eigentum geworden, daß er in ihnen ebenso lebte und sich frei bewegte, wie in den Dichtungen Goethes; Beweis: seine Epigramme aus der Glyptothek.**) (9)

Daß aber Strauß auch über Malerei ein Urteil hatte, wußten wir schon aus seinen Aufsätzen über die Uxküll'sche Gemäldesammlung in Karlsruhe, sowie über die württembergischen Maler Eberhard Wächter und Gottlieb Schick, und in seinen Briefen finden wir manche treffende Bemerkung, so z. B. über die Rottmann'schen Landschaften (griechische und italienische) in der neuen Pinakothek und den Arkaden des Hofgartens zu München.***)

In Italien (Venedig) freilich kam er kaum über Giovanni Bellini hinaus, den er in einem liebenswürdigen Brief an eine Dame nicht mit dem „Opernbellini" zu verwechseln bittet (Brief 261, S. 282, oben). Daß man sich bei Tizians Madonnen nicht aufhalten darf, versteht sich von selbst; thut man es doch, so verdirbt man sich einen Teil des Eindrucks sogar bei der herrlichen Assunta, deren Bedeutung Strauß im übrigen würdigt, aber, wie es uns scheint, nicht genug würdigt (Seite 291 in dem ausführlichen Brief 264 vom 13. Mai 1851 an Vischer). Ein erfreuliches Gefühl zeigt Strauß für die Größe von Paul Veronese (S. 29 in dem genannten Brief), den er einen überaus flotten Kerl nennt. Sehr zu bedauern ist es, daß Strauß nicht in Florenz und Rom war. Wie würde er sich an den

---

*) Vergl. meinen ersten und zweiten Aufsatz S. 8 und 28.
**) Siehe S. 10 und 23 f. dieser Aufsätze.
***) Siehe den in Anmerkung 10 auf Seite 104 f. mitgeteilten Brief vom 16. Juli 1858 an Rapp.

Schätzen des Palastes Pitti und der Uffizien erbaut haben, und vollends an den Rafaelischen Stanzen! Gerade für die mit vollendeter idealer Schönheit gepaarte Hoheit dieser besaß Strauß kongenialen Sinn und Verständnis.

Über Rembrandt und dessen „nordische Häßlichkeitslust" würde Strauß anders geurteilt haben, als er (S. 293 des erwähnten Briefes vom 13. Mai 1851 an Bischer) thut, wenn er — um nur zwei Gemälde in der Nähe beispielshalber zu nennen — das Bild in der Kasseler Gemäldegallerie „Jakob, die Söhne Josefs segnend" und das „Familienbild" im herzoglichen Museum zu Braunschweig gekannt hätte. (10) —

Betrachten wir nun in thunlichster Kürze Straußens Stellung zur Politik.

Strauß darf nächst Paul Pfizer der erste Vertreter der preußischen Hegemonie in Süddeutschland genannt werden, der erste sowohl der Zeit, wie dem Range nach. Daß er selber seine Fähigkeiten unterschätzte und niemals einen Anspruch als Berufspolitiker erhob, wußten seine Freunde; ging er doch in seiner Bescheidenheit so weit, daß er sich einmal (im Brief 201 vom 5./6. Mai 1848 an Bischer S. 210) dahin aussprach, für einen badischen Liberalen wenigstens habe er das Maß nicht, da fehlten ihm verschiedene Zoll, selbst wenn er sich auf die Zehen stelle. Seine politische Auffassung war in der Regel zutreffend. Wie richtig urteilt er im Brief 303 vom 29. März 1854 an Rapp (S. 228 f.) über den Krimkrieg: „Das Recht beschützen in diesem Kampfe, wenn man ihnen glauben will, Engländer und Franzosen. Allein das Recht in ihrem Munde ist eine ebenso große Lüge, als die Religion im Munde des Czaren." — — „Der Kampf muß rein als ein Kampf der Macht und der Interessen betrachtet werden." Derartige Aussprüche kann man allerdings heutzutage in allen Zeitungen lesen; damals waren sie neu, und zum Allgemeingut sind sie erst durch Bismarck geworden.

Über das Frankfurter Schützenfest von 1862 schreibt Strauß im Brief 440 vom 18. Oktober jenes Jahres an Meyer (S. 448): „Wir haben uns getäuscht, es sind nicht in erster Linie die Fürsten, die unserem Heil entgegenstehen; das Volk ist noch zu dumm, d. h. nicht blos die Massen, sondern die Volksführer selber; beim Schützenfest in Frankfurt ist's für mich aufgebrochen, wie viel Wahn- und Blödsinn noch herrscht, — es war ein wahrer babylonischer Turmbau mit seiner politischen Sprachenverwirrung —; Oesterreich ist die babylonische H., die den deutschen Stämmen ihren Taumelwein einschenkt, die Circe, die die Gefährten des klugen Odysseus in Esel*) verwandelt, der Klumpfuß an dem sonst wohlgebildeten Körper unseres

---

*) Vielmehr in Schweine bei Homer.

Volkes." Und ähnlich im Brief 454 vom 17. Juni 1863 an Vischer S. 461 f.

Am 9. April 1866 schreibt Strauß im Brief 476 an Vischer S. 480): „Daß ich die Pflicht, einen Ruf nach Württemberg einem solchen nach Baden vorzuziehen, nicht ganz so hoch anschlagen kann, wie Du, beruht doch zum Teil auch darauf, daß mir, wie Dir ja sonst auch, der provinzielle Unterschied deutscher Lande wenig bedeutet", eine Anschauungsweise, wie sie in Süddeutschland dazumal zum mindesten nicht allgemein war.

Im Brief 479 schreibt er — wieder an seinen persönlichen, aber nicht politischen Freund Vischer (S. 483) — am 3. Juli 1866, also am Tage von Königgrätz: „Auch mir erscheint dieser Krieg als ein Gräuel; allein nun er einmal ausgebrochen ist, stelle ich mich mit meinen Wünschen ganz auf die Seite, der ich immer angehört habe, überzeugt, daß ein Sieg derselben uns zwar wenig Gutes, der der anderen aber nur Schlimmes bringen kann. Oder genauer meine ich, ein Sieg Preußens brächte uns im Augenblick auch Schlimmes, ließe aber für die Zukunft doch Gutes hoffen, während uns von Oesterreich jetzt und in Zukunft nur Schlimmes kommen kann." Dies war zu jener Zeit in Süddeutschland die am weitesten gehende Auffassung der politischen Lage; ich erinnere mich genau, daß die entschiedensten Verfechter der preußischen Spitze, die deutschen Freunde Preußens, sich hierauf beschränkten, und daß nur einmal ganz schüchtern die Frage aufgeworfen wurde, ob denn Preußen (man bedenke: das Preußen der Konfliktzeit von 1862 bis 1866) überhaupt ein Übel sei.

In klassischer Weise faßte Strauß seine Anschauungsweise, die zugleich die aller verständigen Süddeutschen war, im Brief 480 vom 12. Juli 1866 an Rapp, S. 484, in folgende Formel zusammen: „Oesterreich hasse ich, die Mittelstaaten und ihre Politiker verachte ich, vor Preußen habe ich Respekt, zur Liebe langt's noch nicht; aber meine Hoffnung für Deutschland ruht auf Preußen. Entweder durch Preußen oder gar nicht ist Deutschland zu helfen."

Bereits drei Jahre vorher, am 17. Juni 1863, hatte sich Strauß (im Brief 454 an Vischer, S. 462) darüber ausgesprochen, aus welchen Gründen Oesterreich niemals an die Spitze Deutschlands treten könne: erstens weil es überwiegende außerdeutsche Anhängsel habe, und zweitens weil es katholisch sei. In demselben Brief sprach er die Ueberzeugung aus, daß es mit Deutschland auf gütlichem Wege nicht gut werden könne.

Nur zweimal, soweit wir sehen, ging Strauß in seinem politischen Urteil fehl, in Uebereinstimmung mit dem größten Teil seiner Zeit-genossen und zwar nicht nur der süddeutschen. Im Jahre 1866 nach der Schlacht bei Königgrätz wollte er, daß man „weiter gehe", während Preußen (d. h., wie wir jetzt wissen, Bismarck im Gegensatz zu allen anderen, die mit Politik zu thun hatten) „sich groß zeigte durch seine Mäßigung". Ich entsinne mich ganz genau, daß Strauß diesem Ausspruch gegenüber, als er von anderer Seite gethan wurde, u. a. geltend machte, Napoleon sei ja nicht gerüstet. Daß die halbe Arbeit mit der Mainlinie, aber mit der sicheren Aussicht auf Versöhnung und Gewinnung der süddeutschen Staaten mehr war, als die sogen. „ganze Arbeit" (welches Schlag= wort, zum erstenmal, wenn ich mich recht erinnere, von dem badischen Minister a. D. Freiherrn von Roggenbach in einem Schreiben an Bismarck kurz vor Ausbruch des Krieges angewandt, uns allen mehr oder weniger imponierte), die doch nur mit Gewalt hätte durchgeführt werden können (wie dies in ähnlicher Weise 1870 nach den Ent= scheidungsschlachten vorgeschlagen wurde), dies bedachte Strauß nicht.

Sein zweiter Irrtum bestand darin, daß er den Versailler Ver= trag mit Bayern nicht billigte. Er schreibt darüber im Brief 534 (an Julius Meyer) am 9. Dezember 1870, S. 524: „Die Nachgiebig= keit, die man gegen Bayern gezeigt hat, ist mir unbegreiflich; ich würde, wäre ich im Reichstag, zu diesem Vertrage um alles nicht ja sagen." Wenn ein Staat von der Größe Bayerns mit mehr als fünf Millionen Einwohnern nicht will, dann soll man ihn nicht zwingen wollen — mit dieser Weisheit, die uns jetzt nahezu trivial vorkommt, hatte vor 25 Jahren Bismarck not im Reichstag durchzudringen, und selbst so helle Köpfe wie Strauß verschlossen sich ihr.

Dagegen befand sich Strauß wieder im richtigen politischen Fahrwasser, als Fürst Bismarck dem Grafen Münster, der im Reichs= tag den Antrag gestellt hatte, nur das Bildnis des Kaisers, nicht die Bildnisse der Landesherren auf den Reichsmünzen ausprägen zu lassen, die warnenden Worte zurief: er solle ihm seine Zirkel nicht stören, und H. von Treitschke sich entschieden auf Bismarcks Seite stellte. Strauß schrieb bei dieser Gelegenheit am 25. November 1871 an Zeller (Brief 543, S. 531): „Treitschkes Rede bei der Münzberatung hat mir große Freude gemacht. Er giebt die Stellung des starren unitarischen Doktrinärs auf und zeigt sich als wirklicher Politiker."

Wie sehr Strauß sich auch mit politischer Literatur beschäftigte, dürfte u. a. daraus ersichtlich sein, daß er Werke wie „das Leben des Generals Friedrich von Gagern" mit großem Interesse las. Wir erinnern uns eines Ausspruchs von ihm, wonach er voll Bewunderung von den in diesem Buche mitgeteilten Briefen Friedrichs von Gagern sprach und nur bedauerte, daß sein Bruder Heinrich von Gagern diese „mit einer so wässerigen Brühe umgossen habe".

Auf Strauß' praktische Beteiligung an der Politik im Jahre 1848 als Abgeordneter der württembergischen zweiten Kammer wollen wir nur kurz hinweisen; die Briefe aus dieser Zeit sind von hohem Interesse, ganz besonders auch deshalb, weil man aus ihnen ersieht, welche Selbstkenntnis Strauß eigen war.*) —

Von verschiedenen Seiten, namentlich von Julian Schmidt, ist die Frage aufgeworfen worden, wie die innere Lage von Strauß gewesen sein möge, nachdem sein Leben Jesu ein über alles Erwarten hinausgehendes Aufsehen gemacht, gewissermaßen eine neue Epoche des geistigen Lebens in Deutschland eingeleitet und den stillen und bescheidenen 27 jährigen Schwaben zum weltberühmten Manne gemacht hatte. Julian Schmidt meint, Strauß habe es später mit dem Ausspruch seiner Ansichten etwas zu wichtig genommen, er habe in der Idee, man werde jedesmal, sobald er etwas sagte, eine denkwürdige That erwarten, vielleicht mehr Feierlichkeit in seine Bekenntnisse gelegt, als gerade nötig gewesen wäre.

Was die letzte Äußerung anbelangt, so wird uns jedermann zugeben, daß „Feierlichkeit" ein Prädikat ist, dessen Anwendung auf Strauß schlechterdings nicht paßt. Aber auch, daß ihn seine angeborene Bescheidenheit verlassen habe, davon vermögen wir in seinen Briefen — und diese müssen doch die sicherste Auskunft über diese und ähnliche Fragen geben — nirgends eine Spur zu finden. Es erscheint uns nur einfach selbstverständlich, daß er sich bewußt war, mit dem Leben Jesu eine große, richtiger: eine entscheidende That vollbracht zu haben; wenn dies aller Welt klar war, warum sollte es ihm allein verborgen bleiben! Aber, daß er es seitdem mit seinen Aussprüchen besonders wichtig genommen hätte, dafür finden wir kein Beispiel und keinen Beweis. Daß auch starke „Verstandesgaben" in ihm lagen, hatte Strauß bereits früher, wenn auch verhältnismäßig spät, entdeckt, und zwar so große, daß er über Altersgenossen, an denen er jahrelang hinaufgesehen, in kürzester Zeit hinauswuchs (s. Literarische Denkwürdigkeiten S. 11 und 12). Daß durch die Wirkung seines Lebens Jesu seine Erwartungen weit übertroffen wurden, ist nicht zu bezweifeln; allein deshalb eingebildet und übermütig zu werden, lag nicht in seiner Art, in seinen Literarischen Denkwürdigkeiten finden wir auf S. 53 sogar die Äußerung, die sicherlich von seinem bescheidenen Wesen Zeugnis giebt, er sei oft nahe daran gewesen, seinen Gegnern zu glauben, daß sein Leben Jesu ein schlechtes Buch sei. Vollends die Eitelkeit, die gelehrten Professoren nicht eben selten anhaftet, war ihm ganz und gar fremd. Wir schlagen den Brief 51 an Vischer vom 16. Mai 1838 auf. Dort spricht sich Strauß über Vischers bekannten Aufsatz „Dr. Strauß und die Wirtemberger" in den Hallischen Jahrbüchern (später in den Kritischen Gängen von 1844, Bd. 1) folgender-

---

*) Ueber Strauß als Politiker siehe meinen dritten Aufsatz S. 32 ff.

maßen aus (S. 68 f.): „Wie wohlthuend mir eine solche Anerkennung gerade in den jetzigen Umständen ist, kannst Du selbst ermessen. Nur daß ich die bedeutende Stellung, welche Du mir einzuräumen geneigt bist, mir anzueignen nicht recht das Herz habe; wir wollen sehen, ob nur infolge vorübergehender Schwäche oder richtiger Einsicht." Eine solche Äußerung nicht ganz drei Jahre nach dem Erscheinen des Lebens Jesu wird man schwerlich anders als bescheiden nennen können, das berechtigte Selbstgefühl tritt in ihr sogar zurück. Aber bewußt war sich Strauß, wie gesagt, seines Wertes und seiner Bedeutung, und so glauben wir seine Gemütsstimmung, seine innere Verfassung am treffendsten als selbstbewußte Bescheidenheit bezeichnen zu dürfen.

In dieser Weise hat sich Strauß auch in der Vorrede zum dritten Band seines Hutten, sowie in den Literarischen Denkwürdigkeiten ausgesprochen, und selbst seine Gegner haben nicht umhin gekonnt, dies anzuerkennen.

Auch in allem dem, was er über sein Verhältnis zu Ferdinand Christian Baur geäußert hat, haben wir niemals etwas von Selbstüberhebung finden können. Zu dem, was in den Briefen hierüber vorkommt (s. die Briefe 9, 171, 412, 420, 438 [nicht 430, wie es in Zellers Anmerkung zu S. 22 Z. 4 v. u. heißt], 459 mit den Anmerkungen von Zeller), sind wir in der Lage, ergänzend hinzufügen zu können, daß Strauß alsbald nach Baurs Tod, wenn wir nicht irren, im Herbst 1861, einmal sagte: „Baur hat mir unrecht gethan, doch darüber ist Gras gewachsen." So war Strauß, nachzutragen vermochte er auf die Dauer niemandem etwas.

Wie bescheiden Strauß über seine Fähigkeiten urteilte, zeigt sich u. a. auch auf ästhetischem Gebiet. Von mehr als einer Seite ist behauptet worden, daß Strauß in ästhetischen Fragen ein treffenderes Urteil habe, als Vischer, was in einzelnem gewiß zuzugeben ist*); es fehlte ihm aber einigermaßen, wie er sich selbst bewußt war, die sinnliche Seite der Beobachtung, die Vischer in hohem Grad besaß. Strauß selbst verwahrte sich stets entschieden dagegen, daß er Vischer in ästhetischen Dingen überlegen sei, und in seinen Briefen finden sich manche dem entsprechende Stellen, so im Brief 180 vom 18. Juni 1847 an Vischer, wo es S. 193 heißt: „Was ich an ästhetischem Besitz

---

*) Fest steht, daß Vischer nicht frei von Schrullen war, deren man bei Strauß keine finden dürfte. Ferner steht fest, daß Strauß in Bezug auf Musik mehr Urteil hatte, als Vischer, der von musikalischen Dingen so viel wie nichts verstand, und wir meinen, daß, wer auf der hohen Warte der Ästhetik stehen will, wenigstens etwas Verständnis für diese innigste aller Künste besitzen muß, wenn man auch nicht gerade an die Stelle in Shakespeare's Kaufmann von Venedig denken mag: „Der Mann, der nicht Musik hat in ihm selber" u. s. w.

mein nenne, sind nur einige kleine Enclaven, welche als mediatisierte Herr=
schaften in Dein großes Gebiet hineinfallen, — so fehlt es mir an
einem selbständigen Standpunkt Dir gegenüber." Daß Strauß sich
in allen Gebieten außer der Theologie als Dilettant fühlte, haben wir
bereits erwähnt; im Brief 192 vom 18. Dezember 1847 an Vischer
geht er so weit, daß er sich (S. 201) einen elenden wissenschaftlich=
künstlerischen Maulesel nennt, und im Brief 206 vom 7. Juli 1848
an Rapp nennt er sich (S. 215) einen Künstler von Gottes Ungnaden.

Aus meinen persönlichen Erinnerungen kann ich ein Beispiel von
Straußens bescheidenem Wesen auf politischem Gebiet anführen. Be=
kanntlich war Strauß von seiner Streitschrift aus dem Jahre 1865
„Die Halben und die Ganzen" sehr befriedigt, er hielt sie mit für
das beste, was er geschrieben, und verlangte sozusagen nach mehr Stoff
in ähnlicher Art. „Wissen Sie mir nicht noch einen Ganzen?" sagte
er eines Tages zu mir im Sommer 1865, „wenn es auch ein ganzer
Narr ist; ich suche vergebens nach einem solchen." Ich nannte ihm
den Kurfürst von Hessen, den „Dieterich" des Kladderadatsch. Ja,
das sei Politik, meinte Strauß dazu, die sei nicht sein Fach. Und
als ich ihm zuredete, lehnte er entschieden ab, indem er hinzufügte:
„Das ist nichts für mich; von uns Schwaben ist Z e l l e r der einzige,
der auch über Politik schreiben kann, der ist überhaupt für alle Sättel
gerecht." Gewiß ein Zug von großer, um nicht zu sagen über=
triebener Bescheidenheit. Strauß bedachte gar nicht, daß er die köstliche
politische Satire „Der Romantiker auf dem Throne der Cäsaren" ge=
schrieben hatte. —

Schon in den Literarischen Denkwürdigkeiten hat sich Strauß
ausführlich darüber ausgesprochen, daß er in der richtigen S t i m m u n g
sein müsse, um eine schriftstellerische Arbeit in Angriff zu nehmen.

In seinen Briefen finden wir viele damit übereinstimmende
Stellen. So sagt er im Brief 247 an Vischer vom 13. Oktober 1850,
S. 264, um eine größere Arbeit über sich zu nehmen, brauche er
durchaus einen pathologischen Antrieb. Und im Brief 339 an Rapp
vom 17. Dezember 1856 sagt er S. 362, auf das große Publikum
habe er nie spekuliert und werde es auch nicht. Und gar von einer
„Pflicht gegen Publikum oder Menschheit" wollte er schlechterdings
nichts wissen, eine solche bezeichnet er im Brief 282 vom 24. Oktober
1852 an Vischer auf S. 310 als ein Unding, von dem er nichts ver=
stehe. Auch in mündlicher Unterhaltung liebte es Strauß, seiner Ver=
achtung gegen das Publikum Luft zu machen, und es bedurfte manch=
mal der Erinnerung, daß seine Freunde und Verehrer doch auch zu
demselben gehörten; auch befindet sich bekanntlich im Poetischen Gedenk=
buch (s. Familienausgabe S. 182, Band 12 der Ges. Schr. S. 162)
ein Gedicht aus dem Jahre 1867 über das Publikum von wenig

schmeichelhaftem Inhalt für dieses, und in dem „Gasel" (Poet. Gedenkbuch, Familienausgabe, S. 208, Ges. Schr. XII, 159) lesen wir
den Vers: „Doch gar nichts hab' ich immer auf des Publikums Geschmack gehalten." Und in der Wiener „Presse" vom 17. Juni 1874
berichtete ein Korrespondent, der während Strauß' Aufenthalt in Karls-
bad im Jahre 1873 viel mit ihm verkehrt hatte, Strauß verwahre
sich aufs Entschiedenste dagegen, daß er jemals bei einer seiner Arbeiten
einen anderen Zweck gehabt habe, als sich selbst zu genügen, das, was
ihn innerlich erregt hatte, auszuarbeiten und künstlerisch zu gestalten
und sich so gewissermaßen davon als von etwas Störendem und Quälendem
zu befreien. —

Daß sich eine Menge interessanter Einzelheiten
in der Briefsammlung findet, versteht sich bei der großen Zahl der
aus der Feder eines so bedeutenden Mannes geflossenen Briefe von
selbst. Wir wollen hier nur des Eindrucks Erwähnung thun, den die
erste Eisenbahnfahrt auf Strauß machte. Justinus Kerner — mit
dem, beiläufig bemerkt, Strauß ohne Unterbrechung in ganz eigentümlichen
innigen Freundschaftsbeziehungen stand, man weiß nicht, ob man sagen soll:
trotz oder wegen der Gegensätze, die andere, weniger gemütvolle Naturen
getrennt hätten*) — Justinus Kerner war, wie wir aus S. 92 des
Briefs 74 vom 19. August 1840 an Rapp ersehen, von seiner Rheinreise
wenig befriedigt zurückgekehrt. Die Dampfschiffe, sagte er, werden mir noch
alle Fisch' aus dem Rhein vertreiben, und an denen ist doch gewiß
mehr gelegen als an den Engländern, die auf dem Dampfschiff fahren.
Die Dampfwagen erschienen ihm als brüllende Ungeheuer, die auf
einen zukommen; wenn ein Pferd sie höre, das fresse selbigen ganzen
Tag nichts mehr; wenn ein Hund in die Nähe komme, den habe sein Herr
gesehen. Im Gegensatz zu Kerner regt sich nun in Strauß der
Hegelianer bei Gelegenheit der ersten Eisenbahnfahrt von Heidelberg
nach Mannheim (s. Brief 87 vom 24. Mai 1841 an Rapp, S. 103,
übrigens nicht 5, wie Strauß schreibt, sondern nur 4 Stunden in
½ Stunde), er geht der Sache auf den Grund und sucht sie begrifflich
zu fassen, empfindet das Gefühl innigster Verwandtschaft des eigenen
Prinzips mit dergleichen Erfindungen und schließt, nachdem er ein
Mehreres über die Unmittelbarkeit des Seins und den Widerspruch
desselben mit dem modernen Prinzip philosophiert hat, mit einem
poetischen Erguß unter der Ueberschrift: „Auf der Eisenbahn." —

Von hohem Interesse sind Straußens Urteile über hervorragende
Vertreter von Kunst und Wissenschaft, wie Auerbach, Gutzkow, Bettina,
George Sand, Heine, Hebbel, Tieck, A. W. Schlegel, Immermann,

---

*) Vergl. Zeller, D. F. Strauß in seinem Leben und seinen Schriften
(Bonn, 1874) S. 18.

Platen, Lachner, Joachim, Schlosser, Ranke, Häusser, Sybel, Mommsen, Treitschke, Seydelmann, Rötscher, Winkelmann, Renan, Lotze, Schopenhauer, E. v. Hartmann und andere.

Wir müssen es uns versagen, hier einige dieser Urteile anzuführen, möchten aber unsere Leser bitten, ganz besonders auch von diesem Gesichtspunkte aus Straußens Briefe durchzugehen. Nur eine Ausnahme wollen wir wenigstens andeutend machen: mit Gervinus. Strauß' Beziehungen zu diesem „eigenartigen" Mann (ein Lieblingswort von Gervinus, das auf ihn selbst, wie Strauß mit Recht zu sagen pflegte, am besten paßte) sind aus den Literarischen Denkwürdigkeiten bekannt, und diese finden jetzt ihre Ergänzung in den Briefen. Wenn man ein nach allen Seiten gerechtes, von jedweder Einseitigkeit sowohl in der Anerkennung wie im Tadel freies Urteil kennen lernen will, so muß man sich dasjenige von Strauß über Gervinus vor Augen halten. Strauß hörte ich schon um die Mitte der fünfziger Jahre sagen: Wer mir auf Gervinus schilt, mit dem ich bin fertig; Gervinus hat einen Urwald gelichtet (in seiner „Geschichte der deutschen Dichtung" oder, wie der frühere Titel lautete, der „Geschichte der poetischen Nationalliteratur der Deutschen"). Hiermit steht, um nur eine Stelle anzuführen, in Einklang, was Strauß kurz vor seinem Tode am 21. Januar 1874 an Rapp schrieb (s. Brief 606, S. 574): „Den Wert eines jetzigen Literaten will ich daran erkennen, wie er von Gervinus spricht; den Wert unserer Zeit in Bezug auf Literatur erkenne ich leider daran, wie sie von Gervinus sprechen läßt."

Hiermit vergleiche man nun Treitschkes Charakteristik von Gervinus im 5. Band seiner deutschen Geschichte S. 417 ff., die nach einer namentlich im Ton überscharfen Hervorhebung von Gervinus' bekannten Schwächen und Mängeln in dem Satze gipfelt: „Die alte norddeutsche Todsünde der Tadelsucht fand in diesem Süddeutschen ihren unübertroffenen Meister." (11)

Wie anders zutreffend und versöhnlich klingt dagegen der Ausspruch G. Rümelins, Straußens Landsmanns, in seinen „Shakespearestudien", der, während er Gervinus großenteils mit Erfolg bekämpft, das Bekenntnis ablegt: „Man kann immer von ihm lernen, auch wo man nicht mit ihm einverstanden ist." Dies dürfte auch für die gegenwärtige Generation noch Geltung haben und ihr zur Beherzigung zu empfehlen sein. (12)

Neben den Urteilen über bedeutende Schriftsteller ist es von Interesse, Äußerungen von Strauß über wichtige Fragen der Philosophie und verwandter Zweige zu vernehmen. Wir wollen uns damit begnügen, hier nur einen einzigen derartigen Kernspruch herauszuheben, der über die Wertschätzung von Philosophie und Kunst handelt. In dem bereits angeführten Brief vom 3. Juni 1846 an Bischer (Nr. 169) heißt es auf Seite 178 f.: „Du stellst — im System ganz folgerecht — die Philosophie über die Kunst, den Philosophen über den Dichter. Dennoch weiß ich gewiß, daß Dir für Dich, sofern Du aus Deinem Fleisch und Blut und nicht aus einem System heraus sprichst, so gut wie mir ein Goethe mehr ist als ein Hegel, Shakespeare mehr als Spinoza, Sophokles mehr als Aristoteles (denn Plato kommt, aus einleuchtenden Gründen, hier nicht in Betracht). Warum? Weil das Zusammenwirken bewußtloser, instinktiver Kräfte mit und im reinen Dienste der bewußten, vernünftigen, mehr ist, als das Wirken der letzteren für sich. Ich halte das Schiller'sche Wort für unwidersprochen, daß der Philosoph immer nur ein halber, nur der Dichter der ganze Mensch sei."

Mit dem Reichtum, der in den Straußischen Briefen enthalten ist, wird man nicht fertig, man kehrt immer wieder zu ihnen zurück und kann sich von ihnen nicht trennen. (13) So sei es uns denn vergönnt, bevor wir zum Schlußteil unseres Aufsatzes übergehen, noch der Antwort zu gedenken, die Strauß einer Dame gab, welche, wie uns Zeller in der Anmerkung zu Brief 564 an Rapp vom 20. März 1873 S. 547 mitteilt, bei ihm angefragt hatte, wie sie sich ihren in der christlichen Religion erzogenen, nicht mehr ganz kleinen Kindern gegenüber in religiösen Dingen, insbesondere auch, wenn diese an sie diesbezügliche Fragen stellten, zu verhalten habe. Strauß empfiehlt „schonende Zurückhaltung, Abwarten und Ansichkommenlassen, sowie das Vermeiden irgend welchen maßgebenden Eingreifens dem religiösen Schulunterricht gegenüber, und lediglich ein erläuterndes, niemals ein kritisches Verhalten," und schließt mit den Worten: „Sie werden sich hieraus entnehmen, was Ihnen tauglich scheint. Warum eine Fabelwelt gewaltsam zerstören, von der wir vorherwissen, daß sie sich mit dem Heranwachsen der Kinder von selbst auflösen wird? Das können wir aber vorherwissen, sobald wir einerseits die heranwachsenden Kinder den Bildungsmitteln der Gegenwart überlassen und andererseits die religiösen Vorstellungen nicht gewaltsam durch Fanatismus in ihnen befestigen. Dem Mutterherzen traue ich hierbei noch einen feineren Takt zu, als unserem männlichen Verstande." —

Mit vollem Recht sagt Zeller in der Einleitung zur letzten Abteilung der Briefe (1872—1874): „Unsere Leser werden es uns Dank wissen, wenn wir sie durch eine etwas reichlichere Auswahl aus denselben in den Stand zu setzen, sich aus eigener Anschauung ein Bild von der Seelenstärke, der Ergebung und der Heiterkeit des Geistes zu machen, mit der unser Freund sein schweres Los getragen, für Angehörige und Freunde, wie für das große Ganze, sich die lebendigste

Teilnahme bewahrt und seinen Grundsätzen auch in der letzten Feuer-
probe die Treue gehalten hat.“

Wenn noch etwas für den Beweis gefehlt haben sollte, daß
Strauß ein edler Mensch, eine anima candida war, hier haben wir
alles, was wir uns dafür nur wünschen können.

Die „Heiterkeit des Geistes“, von der uns das Poetische Gedenkbuch bereits so schöne Proben gegeben, verläßt Strauß, wie wir
aus den Briefen ersehen, keinen Augenblick, und wir sehen jetzt auch
bei ihm selbst in Erfüllung gehen, was er in der Zueignung der dem
Andenken seines verstorbenen Bruders gewidmeten Bearbeitung des
Lebens Jesu für das deutsche Volk diesem nachgerufen hatte: daß ihre
Kinder und Enkel einst erkennen möchten, daß sie, ob auch nicht heilig,
doch ehrlich gelebt, und wenn auch nicht selig, doch ruhig gestorben
seien. „Ob eine Weltansicht“ — so lautet eine andere Stelle dieses
Nachrufs —, „die, mit Ablehnung aller übernatürlichen Hilfsquellen,
den Menschen auf sich selbst und die natürliche Ordnung der Dinge
stellt, sich auch wirklich fürs Volk und fürs Leben eigne, ob sie im-
stande sei, den Menschen nicht nur im Glück in der richtigen Bahn,
sondern auch im Unglück aufrecht zu erhalten, dies insbesondere nach
der letzteren Seite zu erproben, hast Du, lieber Bruder, nur allzu
viele Gelegenheit gehabt. Du hast einem langjährigen Körperleiden
ohne fremde Krücken, einzig auf das gestützt, was Du als Mensch
und Glied dieser geist- und gotterfüllten Welt bist
und wissen kannst, mannhaft widerstanden; Du hast unter Umständen,
die den Gläubigsten hätten kleingläubig machen können, Mut und
Fassung behalten; Du hast selbst in solchen Augenblicken, wo jede
Lebenshoffnung erloschen war, niemals der Versuchung nachgegeben,
durch Anlehen beim Jenseits Dich zu täuschen.“

Ganz ebenso, wie bei Wilhelm Strauß, war es bei unserem
David Friedrich Strauß.

Eine wahrhaft himmlische Heiterkeit — man darf an Straußens
Lieblingsklänge aus der „Zauberflöte“ denken *) — atmet aus der
Gesamtheit der letzten Briefe, ein „frommer Optimismus“, wie Strauß
selbst einmal sagt (s. Brief 573 vom 1. August 1873 an Rapp,
S. 552: „Ueberhaupt wie unrecht haben die Pessimisten; ich werde
durch meine Leiden selbst in meinem frommen Optimismus jeden Tag
bestärkt“), und im Brief 574 vom 7. August 1873 schreibt er an
Meyer (S. 553): „Es ist genug, und ich habe genug. Ich möchte
nicht noch einmal anfangen müssen, mich mit der Welt einzulassen.

*) Es erscheint angemessen, hier daran zu erinnern, daß Strauß kurz vor
seinem Tode einen Text gedichtet hatte, der seiner Bestimmung zufolge nach der
Melodie seines Lieblingschores: „O Isis und Osiris“ bei seiner Beerdigung gesungen werden sollte.

Ich scheide von ihr versöhnt: wir haben uns gegenseitig gegeben, was wir konnten und sollten. Und im Schoß der Kinder, unter der Teilnahme der Freunde finde ich mich sogar beneidenswert."

Hier kann H a u s r a t h Strauß kennen lernen, der im zweiten Band seines Buchs „David Friedrich Strauß und die Theologie seiner Zeit" ein Bild von Strauß gegeben hat, das nicht falscher sein könnte. Wo bleibt da „der traurige Pessimist Strauß", das „gespaltene Leben", „die wahrhaft schauerliche Zerklüftung seines Gemüts!"*)

Wie tief und innig Strauß empfand, geht meines Erachtens am meisten aus den an Rapp gerichteten Briefen 575, 596 und 602 hervor, in denen er (in dem erstgenannten Brief nach einem Besuch von Kuno Fischer) bekennt, daß ihn so viel Liebe beschämt und ihm zugleich wohlthut, beides in gleichem Grade (Brief 596 vom 15. Dezember 1873, S. 568), und: „daß ich Euch so viel gewesen, weiß ich nicht zu finden" (Brief 573 vom 16. August 1873, S. 553), Stellen, die zugleich einen Beweis dafür liefern, daß Strauß im Grunde seines Herzens der bescheidene Schwabe geblieben ist bis an sein Ende (s. besonders noch Brief 602 vom 29. Dezember 1873).

Auch der Humor verläßt Strauß nicht, ebensowenig wie die köstlichen Bilder — bekanntlich eine Zierde seiner Darstellungsweise. Beweis: Brief 590 (S. 564) vom 6. November 1873 an Rapp, mit dem er in heiterer Weise über die Schreibart des Namens Darwin scherzt, und Brief 586 vom 14. Oktober 1873 an ebendenselben, in welchem es, nachdem er mit großer Anerkennung von H e r m a n n K u r z, dem Verfasser von „Schillers Heimatjahren", gesprochen und diesen in geistvoller Weise mit M ö r i k e und A u e r b a c h zusammengestellt hat, S. 560 f. folgendermaßen heißt: „Kurz dagegen wurde von der Sache (als Pektoralpolitiker von den politischen und sozialen Ideen) gepackt, war eine Zeitlang sogar in der Redaktion des Beobachters. Damit ist einer als Dichter für Lebenslang verloren. Als die wilden Wasser der nächsten Jahre abgelaufen waren, und Kurz nach seinem poetischen Gärtchen wieder sah, waren die vorher so hübsch grünen Plätze von Sand und Kies bedeckt und unfruchtbar gemacht."

Und wie geistesfrisch (wir haben schon oben bei Erwähnung von Brief 597 vom 17. Dezember 1873, der die Kritik von Mörikes Schön Rotraut enthält, darauf hingewiesen) bleibt Strauß bis zuletzt! Man lese die Schlußbemerkung im Brief 587 vom 18. Oktober 1873 an Rapp, S. 362: „der Brief (die Antwort Kaiser Wilhelms an den Papst) fällt noch weit mehr ins Gewicht vom Alten, als vom Jungen (dem Kronprinzen)"; ferner den Brief 589 an Rapp vom 2. November 1873, S. 563 f., der sich ausführlich über Schopenhauer, Christen-

---

*) Siehe meinen dritten Aufsatz S. 54. ff.

tum, Epicur, Platos Phädon und Cornelius Nepos' Atticus, den ἀναγνώστης, Tischgespräche u. s. w. verbreitet.

Auch die „gerechte Milde" in seinen Urteilen verläßt Strauß nicht. Beweis dafür sein Brief an Rapp vom 30. Juni 1873, Nr. 569 S. 549, in dem er sich (im Anschluß an Justis Buch) über Winkelmann ausspricht. (14) Daß aber Strauß sogar wenige Wochen vor seinem Tode noch im Zorn aufwallen konnte, wenn ein großer Mann verunglimpft werden sollte, dafür finden wir einen Beleg in seinem Briefe vom 21. Januar 1874 an Rapp, Nr. 606, S. 574. (15)

Auch mit seiner Thätigkeit als Schriftsteller ist Strauß jetzt versöhnt, wie dies aufs deutlichste ersichtlich ist aus den herrlichen Stellen im Brief 557 vom 16. Dezember 1872 an Rapp, S. 543: „Das ist das gute: sobald ich die Schriftstellerfeder in die Hand nehme, werde ich heiter" und im Brief 572 vom 25. Juli 1873 an Rapp, S. 551: „Habe heute ein Stündchen gehabt, wo ich meine Renansbriefe wieder lesen konnte. Wem die Natur auch nur einmal so die Zunge gelöst hat, der gehört nicht zu ihren Stiefkindern und den wird sie auch, wenn's mit ihm selbst ernst wird, nicht verlassen."

Was Strauß in seiner Krankheit am meisten bekümmerte, war der Umstand, daß sein letztes Buch nicht alsbald nach seinem Erscheinen eine zustimmende Besprechung in der Presse fand. Er schreibt darüber am 3. Dezember 1872 an Kuno Fischer im Brief 555, S. 541: „Meine Schrift wird mit Eifer gekauft, aber mit ebensoviel Eifer zurückgewiesen. Auf vielseitigen und heftigen Widerspruch war ich gefaßt, aber nicht auf das Ausbleiben fast jeder öffentlichen Zustimmung. Ich weiß, daß ich in der Hauptsache vielen aus dem Herzen gesprochen habe, und wenn dies auch sehr unvollkommen geschehen ist, so meine ich, war es doch dankenswert. Wo bleiben Deine Wir? wird man mich fragen, und ich werde beinahe lieber schweigen, als das antworten, was ich müßte."

Soweit unsere Kenntnis reicht, war Theobald Ziegler der erste, der sich offen und entschieden als einer von Straußens „Wir" bekannte.*) Über ihn schreibt Strauß im Brief 557 vom 16. Dezember 1872, an Rapp S. 543, er habe eine günstige Anzeige des Buches dem „Staatsanzeiger" geliefert, die auch schon gesetzt gewesen, aber auf höhere Weisung kassiert worden sei; ferner habe Wilhelm Lang eine Anzeige für den „Schwäbischen Merkur" schon im Hause, die indes, um die frommen Leser nicht durch den bloßen Namen „Strauß" zu alterieren, liegen bleiben müsse und erst nach Weihnachten erscheinen solle. Ob letzteres eintrat, wissen wir nicht; dagegen brachte

---

*) Dies wird bestätigt durch S. 54 der Broschüre: In Sachen des Straußschen Buches (Der alte und der neue Glaube). Eine Streitschrift gegen Herrn Prof. Dr. Huber in München von Theobald Ziegler. Schaffhausen, Verlag v. C. Baader, 1874.

das Februarheft der „Preußischen Jahrbücher" von 1873 eine Besprechung von W. Lang, die wir noch heute zu dem gediegensten
rechnen, was über Straußens „Glaubensbekenntnis" gesagt worden ist,
wenn sie auch in ihrer Kürze ein tieferes Eingehen auf den Inhalt
vermied.

Aber weshalb hat Kuno Fischer, an den Strauß seine
Klage über das Schweigen der Freunde richtete (s. oben!), es unterlassen, das Buch in einer Zeitung oder Zeitschrift anzuzeigen? Bei
dem freundschaftlichen Verhältnis, das zwischen Strauß und Kuno
Fischer seit Jahren bestand, mußte man unbedingt erwarten, daß dieser
sich über die Schrift aussprechen würde; er hatte ja auch zwei Jahre
vorher den Voltaire in der „Allgem. Zeitung" angezeigt (s. Brief 525,
S. 516). Die einzige Äußerung Kuno Fischers über den „alten und
den neuen Glauben" ist aus Straußens Brief an ihn vom 6. Januar 1873
(Brief 559, S. 544) zu entnehmen. Sie lautet dahin, daß das
Buch nur aus dem Gesichtspunkte der darin sich kundgebenden Persön-
lichkeit recht zu verstehen sei; dies ist alles. Auf den eigentlichen
Inhalt des Buches und insbesondere auf die von Strauß in dem eben genannten Brief an Kuno Fischers Äußerung geknüpften Bemerkungen
ist dieser nicht eingegangen; wenigstens suchen wir in den in der Folge von
Zeller noch mitgeteilten Briefen von Strauß an Kuno Fischer vergebens
nach einem Gedankenaustausch hierüber, während ein solcher mit Zeller,
Rapp und Käferle stattfand. Und doch durfte sich unseres Erachtens
Kuno Fischer diesem nicht entziehen, wenn er auch, wie nicht anders
anzunehmen ist, mit manchem in Straußens Schrift nicht einverstanden
war: ihm, der die Sprache in der Gewalt hat, wie nicht viele andere,
würde es nicht schwer geworden sein, die Differenzpunkte mit zarter
Schonung und ohne Strauß zu verletzen, zu berühren.

Und auch für andere würde es von Interesse gewesen sein und
noch sein, zu erfahren, wie Kuno Fischer über Straußens letztes Buch
und die in ihm behandelten höchsten Fragen der Menschheit, Gott,
Unsterblichkeit u. s. w., gedacht haben und noch denken mag. Theobald
Ziegler sagt in der erwähnten Schrift (s. Anmerkung zu S. 90)
S. 35: „Wie sich Kuno Fischer zu Strauß stellt, weiß ich so wenig
als Herr Professor Dr. Huber; jedenfalls freundlicher, als zu dem
Theisten Schenkel, denke ich." Eine unumwundene Aussprache Kuno
Fischers wäre noch heute willkommen.

Anders, als Kuno Fischer, verhielt sich Friedrich Vischer,
der allezeit streitbare Jugendfreund, von dem Strauß einmal sagt
(s. Brief 449 vom 3. Mai 1863 an Zeller, S. 456), er lege auch
dem Freund gegenüber die Waffen (auch seine Studierstube war eine
Art Rüstkammer voll Musketen und Pistolen! s. Brief 255 vom
19. Februar 1851, S. 272) niemals ganz ab, und alle Augenblicke

im Gespräch glaube man zu bemerken, wie er an das Seitengewehr greife. Vischer hielt mit seinem Widerspruch gegen einiges in dem „alten und dem neuen Glauben" nicht nur nicht zurück, sondern er trat sogar, seiner Natur getreu, etwas zu mannhaft und ohne zarte Rücksichtnahme auf, indem er den kranken Freund, der um Ausstand bezüglich Vischers Bemerkungen gebeten hatte (s. Brief 562 vom 18. Februar 1873 an Rapp, S. 546), mit diesen bedrängte und ihm das Packet übersandte, welches das Manuskript und einen Brief enthielt (s. Brief 564 vom 20. März 1873 an Rapp, S. 547: Strauß schreibt, er werde das Packet eröffnen, wenn er an diese Dinge wieder komme, er möchte eine andere Arbeit dazwischen schieben, um dem Buch objektiv gegenüber zu stehen; er werde also auf einen Brief, wenn einer dabei sei, vorerst nicht antworten und bitte, Vischer dies zu sagen. Wie objektiv! keineswegs hart und schroff). (16) Schließlich erhielt Strauß am 26. August 1873, wie er am 27. August an Rapp schreibt (Brief 578, S. 555), durch die Cotta'sche Buchhandlung resp. durch Vischer das neueste Heft der „Kritischen Gänge" mit einem eigenen Artikel, nicht bloß Erwähnung in der Vorrede, des alten und neuen Gaubens; Strauß bemerkt dazu lakonisch: „Also richtig!"

Strauß kannte seine Freunde genau, wie er sich selbst genau kannte.

Bemerkenswert ist, was Wilhelm Vatke am 24. Januar 1873 an Strauß schrieb (mitgeteilt in „Wilhelm Vatke in seinem Leben und seinen Schriften, dargestellt von H. Benecke." Bonn, Verlag von Emil Strauß, 1883): „Du hast im verflossenen Jahr einen ganz ungewöhnlichen Erfolg in den rasch aufeinander folgenden Auflagen Deiner Schrift (Alter und Neuer Glaube) gehabt, aber auch manche Kränkungen erfahren, die Dir nach Freundeswunsch möchten erspart sein, Dir aber nach der objektiven Lage der geistigen Mächte und Interessen nicht wohl erspart werden konnten. Deine Mission ist nun einmal die kritische, scharf schneidende, klärende. Die Welt liebt das Helldunkel oder das für beide Seiten passende. Als ich die vielen absprechenden Urteile zuerst hörte, hatte ich die Schwäche, den Wunsch aufkommen zu lassen, Du möchtest das Buch lieber nicht geschrieben haben, da die Zeitgenossen noch nicht reif für dasselbe sind. Aber bald wurde ich wieder in der Ueberzeugung befestigt, daß es so gut gethan, wie es erschienen." Hiernach verhielt sich also Vatke im wesentlichen zustimmend.

Es ist viel darüber gestritten worden, ob Strauß wirklich am Ausgang seiner schriftstellerischen Laufbahn Materialist geworden sei. Ich muß die Frage aufs entschiedenste verneinen, auf die Gefahr hin, mich in geraden Gegensatz zu einzelnen Äußerungen von Strauß selbst zu setzen, und ich bin der Ansicht, daß diese Äußerungen zu den größten unter den mannigfachen Widersprüchen des „alten und neuen Glaubens" gehören.*) Am 23. Oktober 1870 beglückwünscht Strauß (im Brief 531, S. 522) Kuno Fischer, daß er „Muße habe, durch seine Schriften ein heilsames Gegengewicht gegen Materialismus und einseitigen Empirismus zu geben." Damit setze ich Strauß' eigene Worte seinen Aussprüchen im „alten und neuen Glauben" entgegen, und nicht mehr blos ich stehe im Gegensatz zu ihm, sondern er selber steht in direktem Gegensatz zu sich. Und wohlgemerkt! als er diese Worte an Kuno Fischer schrieb, befand er sich mitten in der Bearbeitung seines „alten und neuen Glaubens".

Und wenn ich das Poetische Gedenkbuch aufschlage, welches man gut thut nebst den Literarischen Denkwürdigkeiten zur Vergleichung mit den Briefen und zur Ergänzung derselben stets zur Hand zu haben, so finde ich außer manchem andern auf S. 212 (in der Familienausgabe, Ges. Schr. XII, S. 195) unter der Ueberschrift „Besuch oder Brief?" vom 30. September 1873 folgende Verse:

> „Unser geistiges Verkehren
> Kann der morsche Leib nur stören;
> Leichter, wenn wir ihn verneinen,
> Werden sich die Seelen einen."

War, der dies schrieb, ein Materialist? Man könnte hiernach Strauß vielmehr einen unverbesserlichen Idealisten nennen; er war eben, wie gesagt, in dieser Frage im Widerspruch mit sich selbst.

Dabei verstehe ich unter Materialismus, was man allgemein darunter versteht, und ich hege die Meinung, daß Strauß nicht viel zur Klärung dieses Begriffes beigetragen hat durch das, was er im Brief 556 an Zeller am 7. Dezember 1872, S. 542, darüber geschrieben hat. (Ich bitte den geneigten Leser, selbst nachzulesen, da die Mitteilung der Stelle hier zu weit führen würde.)

Trefflich sagt Bischer in seinem Aufsatz über den alten und neuen Glauben (Kritische Gänge, neue Folge, sechstes Heft, Stuttgart, Verlag der J. G. Cotta'schen Buchhandlung 1873) S. 220: „Strauß sagt, der Materialismus und Idealismus, beide monistisch, fassen das eine Ganze nur von entgegengesetzten Enden an, und seine Äußerungen lauten so, als ob beide in der Mitte dann ganz friedlich zusammenkommen könnten. Warum schlagen sie aber so aufeinander, wenn sie zusammentreffen? Der Materialismus ist eigentlich nicht monistisch, er hat nicht ein Prinzip, sondern 1½, nämlich die Materie und äußerlich ihr angehängt die Form. Schon dadurch ist er weit

---

*) Vergl. hierzu den dritten Aufsatz S. 51 f.

schwächer, unphilosophischer, als der Idealismus, der wirklich nur e i n Prinzip hat, den Geist als das Eine, das sich den Gegensatz der Materie schafft, um aus ihr aufzusteigen." —

Am 5. April 1838 schreibt Strauß an Rapp (Brief 45) auf S. 62: „Daß der Standpunkt jener Schrift [des Lebens Jesu] im Verhältnis zu meinem Wesen ein einseitiger war, solltest Du einsehen; so sehr waltet in meiner Natur der n e g a t i v e Verstand nicht vor." Es ist dies nicht die einzige Stelle in den Briefen, wo Strauß sich dagegen verwahrt, daß seine Natur vorzugsweise eine negative sei; außerdem finden sich ähnliche Äußerungen in den Literarischen Denk= würdigkeiten und in der Vorrede zu dem ersten Band der „Kleinen Schriften" von 1862, und an einer anderen Stelle sagt er, wer ihn recht kennen lernen wolle, möge die zweite Sammlung seiner „Kleinen Schriften" von 1866 lesen. (17) Ich muß es als meine feste Über= zeugung aussprechen, daß alle derartige Aussprüche, die mir aus der Seele geschrieben sind, nach meiner Kenntnis von Strauß im höchsten Grade zutreffen. Strauß war von Hause aus eine p o s i t i v e Natur, die vielen dahin lautenden Äußerungen seiner Freunde Vischer und Zeller, die ihn wahrscheinlich am genauesten kannten, bestätigen dies — und jetzt, da seine Briefe vor aller Augen liegen, wird es kaum noch jemand bestreiten — und das Tragische bei Strauß besteht eben darin, daß er, der ursprünglich zum Positiven geschaffen und hierzu in so hohem Grade beanlagt war, in seinen g r ö ß t e n Werken im wesentlichen nicht aus der Negation herausgekommen ist. Denn daß sein letztes Buch, trotz aller Ansätze und Versuche, hiervon keine Ausnahme macht, werden seine besten Freunde zugeben müssen; eben= sowenig wie die Schlußabhandlung zu seinem ersten Leben Jesu, von der sein Freund Vischer in dem Aufsatz über Dr. Strauß und die Wirtemberger entschuldigend sagte, Strauß sei beim Niederschreiben der= selben müde gewesen, die vorgesetzte Aufgabe der „Rekonstruktion des von der Kritik Aufgelösten durch die philosophische Idee" erfüllte.

Strauß selbst war sich dessen vollkommen bewußt, daß gerade der positive (zweite) Teil seines „alten und neuen Glaubens" auf schwachen Füßen stand (vergl. die Äußerungen im Brief 556 an Zeller vom 7. Dezember 1872, S. 542), und hielt die vierte Abteilung: „Wie ordnen wir unser Leben?" für ganz besonders verbesserungsbedürftig (s. Brief 553 an Zeller vom 17. Oktober 1872, S. 538). (18)

Vielleicht darf man sagen: daß Strauß im Grunde nicht über die Negation hinauskam, war in erster Linie nicht seine Schuld, sondern die Schuld des kritischen Zeitalters, in dem er lebte und dessen nächste Aufgaben er, allen anderen voranschreitend, gelöst hat; so viel steht fest: wir harren noch der positiven Schöpfungen, die n a c h Strauß eintreten sollen. „Wird ein neuer Luther kommen", fragt

Bischer in seiner Gedächtnisrede (Zum Gedächtnis an D. F. Strauß. Bericht über die Feier der Enthüllung einer Gedenktafel an seinem Geburtshause. Bonn, Emil Strauß, 1884, S. 19), „ein Mann mit Luthers Herz und Mut und Geist, aber freier und weiter blickend und die Wege findend zu einer Religion für mündigere Geschlechter?" —

Schließlich möchte ich noch auf zwei Äußerlichkeiten, wie ich sie kurz nennen will, hinweisen. Zunächst auf die ganz vortreffliche Zugabe, die das von Straußens Sohn angefertigte Personenverzeichnis am Schlusse der Briefsammlung bietet; dieses sollten sich andere zum Muster nehmen, allein so etwas erfordert Arbeit, viel Arbeit. Ich habe dabei nur den Wunsch, daß das Register noch dahin vervollständigt werde, daß nicht nur die Seiten angeführt werden, auf denen die Namen der Dichter, Komponisten u. s. w. vorkommen, sondern ebenfalls und zwar am einfachsten vielleicht gleichfalls unter den Personennamen die Werke derselben. Ein Beispiel: in dem gegenwärtigen Verzeichnis ist es nicht möglich, die Stellen zu finden, an denen von Strauß' Lieblingsoper, der „Zauberflöte", die Rede ist, was doch ebenso wünschenswert ist, wie die Möglichkeit, die Stellen nachzuschlagen, in denen Mozart mit Namen genannt ist. Diesem Umstand wäre leicht abzuhelfen.

Ganz vortrefflich und in höchstem Grade zweckmäßig sind ferner Zellers Übersetzungen der lateinischen und griechischen Ausdrücke in Straußens Briefen, der Reminiszenzen, wie sie Zeller nennt, der geflügelten Worte, wie man sie zum großen Teil auch nennen könnte. Dabei sind die Übersetzungen derart, daß nicht bloß jeder Philologe, sondern überhaupt jeder, der Urteil und Geschmack hat, seine Freude daran haben muß.

Anmerkungen.

1.

In diesem Briefe, den Strauß am 20. Juni 1852 aus Weimar an Bischer schrieb, heißt es u. a.: „So trostlos es ist, so habe ich in nichts Fachstudien, als in der Theologie; Du hast viel früher umgesattelt und nicht, wie ich, erst nachdem Du Deine beste Kraft auf jenes Unglücksfach verwendet."

2.

Vergl. außer anderen die Stelle im Brief 343, S. 364: „Einiger Shakespeareolatrie möchte ich Dich zeihen. Du rechtfertigst bombastische Phrasen aus den Zuständen der handelnden Personen, in denen ich nur Manier im Zeitgeschmack sehen kann. Schiller hat am Macbeth freilich manches verdorben, aber auch gewiß verbessert." — — „Ich glaube, Goethe hat in seinem Leben keinen dummeren Streich gemacht, als jene Rede gegen Eckermann von seiner Unterordnung unter Shakespeare. Sie war ihm nicht ernst, und er hatte es auch nicht nötig." — — „Gervinus sagt, die poetische Sprache von Schiller und Goethe sei, mit Shakespeare seiner verglichen, gereimte Prosa. Das ist doch wenigstens konsequent gesprochen."

3.

Strauß fährt fort: „Im Gegensatz zur kahlen Regel, zur dürren Konvenienz der französisch-deutschen Poetik, zur Zeit seines Herankommens, ist sein Götz ein solches Schöpfen aus dem vollen Meere des Lebens, ein Erschließen der Fülle quellender Kräfte in der menschlichen Natur. Noch üppiger wuchern diese im Werther, — aber hier bereits so, daß sie in der Ueberfülle ihrer eigenen Säfte ersticken. Auch Faust, auch Egmont gehören hierher; auch sie gehen, wiewohl in verschiedener Weise, an ihrem eigenen Reichtum zugrunde. So weit geht Goethes erste Periode. Wie nun hier herauskommen? Wie die stockenden, sich gegen sich selbst zerstörend wendenden Kräfte wieder in gesunden Fluß bringen? Das ist das Problem der zweiten. Iphigenie eröffnet hier den Reihen, der durch Tasso, Wilhelm Meister u. s. w. fortläuft und die Antwort enthält: durch Wahrheit und Liebe, Maß und Entsagung. Am Schlusse der zweiten Periode bezeichnen die Wahlverwandtschaften eine Zurückwendung zur ersten, zum Werther, wobei aber die Errungenschaft der zweiten in den sich aufrecht erhaltenden zwei Personen (Charlotte und dem Hauptmann) unverloren bleibt. Mit der dritten Periode steht der Dichter, bei abnehmender Produktionskraft, auf der Betrachtungshöhe, von wo ihm jeder Streit gelöst, seine eigene Entwicklung überschaulich vorliegt: Divan und Wahrheit und Dichtung. In genauer Beziehung zu diesen verschiedenen Perioden steht dann auch Goethes jedesmalige poetische Form. Urkräftig, Leben quellend in der ersten, lauterste Harmonie in der zweiten, Nestors weiser, honigsüßer Mund in der dritten. Dieser produktiven Seite Goethes in betreff der menschlichen Natur geht seine erkennende Thätigkeit in Bezug auf die äußere Natur genau parallel. Die Metamorphose der Pflanzen und der Tiere, wie die vegetabilische Idee sich vom Blatt zur Blüte, die animalische von einer Stufe des Tierreichs zur anderen und endlich zum Menschen sich emporarbeitet, wie sie, der Blüte gleich aus Blättern, endlich die Rückenwirbel oben sich zum Schädel entfalten läßt, — alles allmählich, ordentlich, stufenweise ohne Sprung (auch der Mensch hat noch die Zwischenknochen!) [vgl. Alter und Neuer Glauben, Stück 55, S. 180

der 2. Auflage, Gef. Schr. VI, 125]; — wie ebenso aus den einfachen Potenzen von Hell und Dunkel das wunderbare Reich der Farben sich ausgebiert; wie der von einer Kugel verletzte Elefantenzahn durch dieselbe Heilkraft der Natur, welche das tieferkrankte menschliche Gemüt wieder herstellen kann, sich ausheilt — selbst bis auf die Ausschließung des revolutionären Prinzips aus der Geologie (als Vulkanismus) und Geschichte — überall dieselbe Grundidee dieser ebenso reichen, als in sich harmonischen Natur — aber freilich eine in sich unendliche Idee, und doch, damit die Bäume nicht in den Himmel wachsen, in der zuletzt berührten Ausschließung, nicht ohne Beschränkung und Einseitigkeit."

4.

Wir können es uns nicht versagen, diese wahrhaft klassischen Ausführungen hier ungekürzt mitzuteilen:

S. 128: „Der zerbrochene Krug ist vielleicht das beste, was Kleist geschrieben hat, es ist nichts krankhaftes darin, wie sonst in allen s inen Sachen; denn die schlechten Shakespearesierenden Wortwitze hin und wieder sind nur als unschuldiger Hautausschlag zu betrachten. Das Sujet ist gewiß echt komisch, so komisch als das des Oedipus tyrannus (von dem Materiellen seines Verbrechens abgesehen) tragisch ist: wie dieser, ohne sein Verbrechen zu kennen, mithin unbefangen, drauf los untersucht und dadurch ein Glied seiner Unthat ums andere hervorgräbt — so weiß hier der Richter, daß er selbst das begangen hat, worauf er inquirieren soll, und sucht somit befangen, auf jedem Schritt die Untersuchung, die er doch selbst führen muß, zu hemmen oder auf Seitenwege zu leiten, bringt aber am Ende doch seine Schande an den Tag. Daß jener, trotz aller Abmahnungen, doch dasjenige herausbringen will und am Ende herausbringt, wovon er nicht weiß, daß es seine eigene Schuld ist, ist das Tragische; daß dieser, trotz aller Bemühungen und Winkelzüge, zuletzt doch dasjenige herausbringen muß, wovon der Schuft wohl weiß, daß er selbst es pecciert hat, ist das Komische.

Ein Übelstand bei dem zerbrochenen Krug sind freilich die Jamben, wie eine frischbeschlagene Chaussee, was, mit einigen dort zusammentreffenden Wortwitzen, namentlich die Exposition etwas schwer verständlich macht."

S. 124: „Anziehend war es mir, die Behandlung desselben Stoffs (Choëphoren und Elettra) bei Äschylus und Sophokles zu vergleichen. In vielem ist der spätere weiter gekommen, in anderem hatte ihm aber doch auch schon der Vorgänger das Rechte vorweggenommen. Denn daß Orestes bei Äschylus zuerst den Aegysthos abthut und dann erst die Mutter folgen läßt, scheint mir viel besser, als das Umgekehrte bei Sophokles, und zwar nicht blos unbestimmt, weil jenes eine Klimax ist, dieses eine Antiklimax, sondern weil dort die Erwartung gespannt bleibt, ob er wirklich Stärke genug haben wird, auch an der Mutter die Strafe zu vollziehen, während es hier keine Frage sein kann, daß er, nachdem er die Mutter nicht geschont hat, auch den Ägysth ihr nachsenden wird, — welches letztere übrigens Sophokles sehr fein gefühlt und deshalb diesen zweiten Mord gar nicht mehr zur ausdrücklichen Darstellung gebracht hat. Zur Verfeinerung und Fortbildung des Stoffs bei Sophokles gehört dann aber, daß bei ihm auch Elektra noch anfangs durch die falsche Nachricht von Orests Tod erschreckt und geprüft wird, während er bei Aeschylus sich ihr sogleich zu erkennen giebt. Ferner sind die Spuren, durch welche Elektra auf die Vermutung von Orests Nähe geführt wird, bei Sophokles besser, — bei Aeschylus ist die Gleichheit der Fußstapfen fast kindisch. Das Hauptverdienst des Sophokles besteht aber darin, daß er der Elektra die Chrysothemis zur Seite gestellt hat, dem starken, fast männlichen Charakter den weichen weiblichen, ein genaues Seitenstück zu Antigone und Ismene, — und dieses doppelte Mädchenpaar ist vielleicht das schönste im Sophokles, — wenigstens das modernste."

5.

Wir geben hier den Anfang dieses Aufsatzes, als Beispiel, wie Strauß in der knappesten Form Hauptgedanken auszudrücken verstand.

„Will man die **I d e e des W a l l e n st e i n** im Stücke selbst mit den eigenen Worten des Dichters angegeben lesen, so muß man im ersten Aufzug von Wallensteins Tod den fünften Auftritt nachschlagen, wo der schwedische Oberst zu Wallenstein sagt, sein hochseliger König habe immer groß von Sr. Gnaden Verstand und Feldherrngaben gedacht,

> Und stets der Herrschverständigste, beliebt' ihm
> Zu sagen, sollte Herrscher sein und König.

Worauf Wallenstein erwidert:

> Er durft' es sagen.

Aber nicht jeder Fürst darf es sagen. In Gustav Adolf war das äußere Geburtsrecht und das innere auf Fähigkeit beruhende Anrecht auf die Krone beisammen. So konnte in keinem seiner Diener die Kollision entstehen, den inneren Herrscherberuf, den er etwa in sich fühlen mochte, dem äußeren Herrscherrecht des Königs entgegenstellen zu wollen.

Anders bei Ferdinand II. Er ist äußerlich legitimer Herrscher, ohne innerlich durch seine Geistesgaben dazu legitimiert zu sein, besonders in der damaligen stürmisch bewegten Zeit reicht seine Fähigkeit

nicht aus. Sein Diener Wallenstein darf sich diesen inneren Herrscherberuf zuschreiben, der seinem Herrn, bei allem äußeren historischen
Rechte, abgeht. Auch hat er durch sein Heer die Macht in Händen.

Dieses Verhältnisses sind sich beide Teile bewußt.

Wallenstein seiner Stärke. Daß er könnte, wenn er wollte.
Daß er auch dürfte, meint er, wenn man die Sache vom richtigen
Standpunkt über den alltäglichen Vorurteilen betrachte. Daher hoch-
fliegende Gedanken, Anschläge, Pläne (Wallensteins Tod, I. Aufzug,
4. Auftritt).

Ferdinand kennt seine Schwäche und das ehrgeizige Kraftgefühl
seines Feldherrn. Daher Mißtrauen, Vorsatz, diesem die Macht nur
so lange zu lassen, als die äußerste Not es erfordere.

Hinwiederum ist dem Diener das Mißtrauen und der üble Wille
seines Herrn wohl bekannt. Er hat davon eine ihm unvergeßliche Erfahrung gemacht. Mißbraucht er sein Amt zum Nachteil des Kaisers,
so mißbraucht er wenigstens kein Vertrauen. (Ebendaselbst 7. Auftritt).
Gleichwohl nimmt Wallenstein die Sache nicht leicht. Weder über
die äußeren Schwierigkeiten, noch über das moralisch Bedenkliche seiner
Anschläge verblendet er sich.

In ersterer Hinsicht weiß er gar wohl, was es heißt, die sicher
thronende Macht erschüttern zu wollen, die durch Verjährung geheiligt,
durch Gewohnheit befestigt, mit dem kindlichen Glauben der Völker
verwachsen ist (Wallensteins Tod I, 4).

Und wenn er sich, was das Moralische betrifft, auch einmal die
Miene giebt, diese Macht der Gewohnheit über die Massen als etwas
gemeines zu verachten (ebendaselbst), so sagt er sich doch in anderen
Augenblicken, daß mit der Treue, der Heiligkeit von Vertrag und Dienst-
pflicht eine erhaltende, sittliche Weltmacht nicht ungestraft verletzt
wird (I, 6).

Daher Wallensteins schwankende Haltung. Er ist kein Richard III.,
der aus sich heraus in der kürzesten, geraden Linie über alles Da-
zwischenstehende hinweg seinem Ziele zuschreitet. Auch kein Macbeth,
der dem von außen erhaltenen Anstoße, wenn auch mit innerem Schauder,
entschlossen folgt. Sondern er thut alle seine Schritte so, daß sie
zugleich nicht gethan sein sollen. Indem er nichts Schriftliches von
sich giebt, soll es zuletzt auf ihn ankommen, ob er sich zu den Zette-
lungen seiner Werkzeuge bekennen will oder nicht (Die Piccolomini II, 5.
Wallensteins Tod I, 3).

Aber so läßt die Wirklichkeit nicht mit sich spielen. Sie
nimmt den Vermessenen beim Worte. Die von ihm in übermütigem
Kitzel aufgestörten Verhältnisse treten ihm drohend gegenüber. Er ist
verdächtig geworden. Man kann Zeugen gegen ihn aufstellen. Was

7*

er aus Ehrgeiz zu thun sich nicht entschließen konnte, muß er nun zu seiner Selbsterhaltung unternehmen (Wallensteins Tod I, 4. 7)."

Ferner heben wir folgende Stelle heraus:

„Den Wallenstein als Charakter können wir eine Mischung von Macbeth und Hamlet nennen. Er ist herrschsüchtig wie jener und skrupulös wie dieser. In ersterer Eigenschaft hat er Einleitungen gemacht, denen er vermöge der letzteren keine Folge geben will. Er hat A gesagt und weigert sich B zu sagen." (Vergl. die Stelle in dem Brief Nr. 498 vom 28. Februar 1868 an Rapp, S. 498: „In Schiller kombinierten sich hier — ohne daß er es wußte — Macbeth und Hamlet, sein Wallenstein ist ein Macbeth, der unter anderem auch deswegen nicht reussiert, weil er zugleich ein Hamlet ist.")

„Indem er zuletzt wider seinen Willen zum Vollzug des Verbrechens und ins Verderben gestoßen wird, bekommt sein Untergang etwas von dem tragischen Schicksal der Griechen; aber indem es lediglich die Folgen seines eigenen früheren Thuns sind, die ihn vorwärts drängen, indem er nur nicht umhin kann, das halb schon Gethane vollends ganz zu thun, so ist jener Fatalismus bloßer Schein und sein Untergang in durchaus modernem Sinne das Ergebnis seines eigenen Charakters im Zusammenstoße mit den Verhältnissen der Wirklichkeit."

<h2 style="text-align:center">6.</h2>

Strauß schreibt: „Sonst lese ich vor Schlafengehen einmal wieder des guten alten Wielands „Oberon". Alles, was mir sonst an dem leider in der elendesten Schule, der der Franzosen, gebildeten Mann zuwider ist, tritt hier zurück; hier ist ein Dichter und zwar ein recht edler und liebenswürdiger. Wieland gleicht in vielen Stücken, auch in seiner Stellung zu Goethe, wie der andere zu Mozart, dem alten Haydn, den er freilich an Reinheit und Reichtum des Genius nicht erreicht, aber die heitere Gesundheit hat er mit ihm gemein, sowie noch besonders das, daß beide den neben ihnen heraufgewachsenen*) größeren (Goethe, Mozart) nicht nur nicht beneideten, sondern sich auch durch ihn nicht niederschlagen ließen; im Gegenteil anerkennend und heiter lernten sie von ihm und produzierten lustig weiter. Das thue ihnen einer nach! Und in dieser Hinsicht steht noch besonders der „Oberon" in Parallele mit der „Schöpfung": dort Wieland geläutert und neu angeregt durch Goethe, wie hier Haydn vertieft und bereichert durch Mozart."

---

*) Goethe war bekanntlich 16 Jahre jünger als Wieland, Mozart sogar 24 Jahre jünger als Haydn.

7.

„Was die Wertabschätzung und Vergleichung der großen Ton-
dichter betrifft, so muß man gemach thun. Vor allem ist die Frage:
wer der größere sei, als schlecht und oberflächlich ganz von der Hand
zu weisen. Dann ist daran festzuhalten, daß für unser Weltalter die
Musik Mozarts dieselbe Stelle einnimmt, wie Goethe in der Poesie,
nämlich ὁ πάνυ [von Zeller vortrefflich wiedergegeben mit „der unbedingt größte"] zu sein. Der universelle Genius, neben dem sich
die besten unter den übrigen nur dadurch auszeichnen, daß in ihnen die
oder jene einzelne Geisteseigenschaft oder Seite der Kunst weiter, eben
damit aber auch einseitig ausgebildet ist. So gleich in Beethoven
subjektiv alles, was mit Pathos, Rührung, innerem Wühlen wie ge-
waltigem Ausbrechen zusammenhängt; objektiv die Instrumentalmusik,
neben der er die Vokalmusik fast nur gestreift hat. Deswegen hat
er auch am „Fidelio" (von dem man in gewissem Sinne freilich sagen
kann ἕνα, ἀλλὰ λέοντα) so lange gearbeitet, gebessert und umgearbeitet,
als Mozart an einem halben Dutzend Opern, hat vier Ouvertüren
dazu geschrieben, wovon keine ihrem Zweck recht entspricht. Ich weiß
wohl, es giebt Stimmungen, wo einem „Fidelio" mehr entspricht, als
„Figaro", und ich habe ihn nie ohne die innigste Rührung hören
können — allein könntest Du jetzt bald nach „Fidelio" den „Figaro",
„Don Juan" hören, so würdest Du — musikalisch betrachtet — gewiß
fühlen, daß Du aus einem Strom mit bald tiefem, bald seichtem Bett,
in den ewig vollen, ewig jungen Okeanos gekommen."

Über Sebastian Bach schreibt Strauß aus Darmstadt am
27. März 1869 (Brief Nr. 512, S. 507) an Rapp: „Gestern hörte
ich in einer hiesigen Kirche Bachs Matthäuspassion, zum erstenmal,
wie ich einzugestehen fast mich schäme. Es hat mich mächtig angezogen;
es ist ein Kunstwerk strengster, sublimster, edelster Art."

8.

Ehe wir mit Strauß von der Musik Abschied nehmen, sei
uns noch gestattet, hier eine Stelle aus dem zweiten Teil der
Straußischen Dogmatik vom Jahre 1841 anzuführen. Es heißt
daselbst S. 622 f.: „Nicht minder [als Architektur, Plastik und
Malerei] hat die Musik aufgehört, auf dem kirchlichen Gebiete wahrhaft
produktiv zu sein. Wie muß der Mendelssohn'sche Paulus sich
immer wieder an alte Kirchenmelodien anlehnen und wie weit
steht bei aller bewundernswerten Kunst dieses gemachte Werk einerseits
hinter der Grundgewalt Händel'scher Oratorien zurück, deren Idee
zugleich das Pathos ihrer Zeit war, andererseits hinter denjenigen
Arbeiten desselben Meisters, in welchen er sich, wie in der Ouvertüre
zum Sommernachtstraum, vom Geiste der modernen Zeit hat inspirieren

laſſen. Und wo iſt denn bei Mozart in ſeinen eigentümlichſten Werken eine Spur kirchlichen Geiſtes zu entdecken? Die ſchöne Menſch- lichkeit in ihrer Selbſtgewißheit iſt die Seele ſeiner Töne; ihre Leiden und Freuden gehören der dieſſeitigen Wirklichkeit an; die Nemeſis im „Don Juan" iſt eine rein ſittliche Macht, und in den Gebeten und Prieſterchören der „Zauberflöte" iſt das Göttliche nicht ein äußerlich Vorhandenes, zu dem ſie reden, ſondern das Element der Jdee, in dem ſie leben, der geiſtige Rhythmus und Wohllaut, den ſie einatmen und ausſtrömen. Jſt aber Mozart ein geborener Heide, ſo iſt Beet- hoven ein Titane, und in ſeinem prometheiſchen Bewußtſein noch unendlich weiter als der einfache Heide von allem Chriſtlichen entfernt. Seine Symphonien ſind ebenſo viele Monologe des abſoluten Jch der modernen Welt. Im kühnen Verſuch, auf ſich ſelbſt zu ſtehen, verſinkt es in unendliche Wehmut, die es in keckem Humor kühlt, um durch Zuſammenfaſſen aller ſeiner Kräfte endlich den ſchmerzlichen Sieg zu erringen." (Der Leſer wird bemerken, daß Strauß hier die A-dur-Symphonie vorſchwebt.)

Und doch darf man behaupten, daß, wenn auch — was allgemein zugegeben wird — kein kirchlicher Geiſt aus Mozarts und Beethovens Werken ſpricht, dieſe doch nur auf dem Boden des Chriſtentums er- ſtehen konnten, in der vorchriſtlichen Zeit ſchlechterdings undenkbar ſind; Strauß würde dem nicht widerſprochen haben. Hier (wie überall, möchten wir ſagen,) tritt uns die Frage entgegen: Was iſt Chriſten- tum? Wird doch von anderer Seite gerade die Beethoven'ſche Muſik (in weit höherem Grad, als die Muſik Mozart's, deſſen Bezeich- nung als „einfacher Heide" übrigens in keinem Fall ausreichend iſt,) für das Chriſtentum in Anſpruch genommen, freilich „als die Geſtalt der Religion, welche unſere Zeit einſtweilen allein noch beſitzt." Was iſt Chriſtentum? was iſt Religion? Läuft da nicht gar vieles auf einen Wortſtreit hinaus, je nachdem man ſich an das Chriſtentum, wie es in die Erſcheinung getreten und kirchenbildend geworden, oder an die Grund- gedanken deſſelben hält, und je nachdem man dieſe und überhaupt den Gehalt des Chriſtentums auffaßt? Da kann man allerdings zu der Anſicht kommen, daß der nicht aufhört, ein Chriſt zu ſein, der in dem Gehalt des Chriſtentums den Gehalt der ewigen Vernunft wiederfindet, und daß Leſſing und Kant in ihrem eigenen Sinne Chriſten geblieben ſind, ebenſo wie Schiller und Goethe. — Die Art und Weiſe aber, wie Strauß ſich an guter Muſik zu erbauen pflegte (wer keine per- ſönliche Erinnerung daran hat, vermag dies einigermaßen ſchon aus der zweiten Zugabe zum „Alten und Neuen Glauben", ſowie aus mehreren ſeiner Briefe und ſeinen muſikaliſchen Sonetten zu erſehen), darf man ohne Einſchränkung eine religiöſe nennen; das Schleier- macher'ſche Wort, mit dem Strauß ſeine Dogmatik ſchließt, dürfte hier an seiner Stelle sein: **Mitten in der Endlichkeit eins sein mit dem Unendlichen.**"

9.

Ganz die nämliche Begeisterung für die Glyptothek bekunden seine Briefe. Gleich im ersten Brief aus München (vom 29. Juni 1848 Nr. 208, S. 216) schreibt er an Märklin: „Gestern verrichtete ich meine erste Morgenandacht in der **Glyptothek**; eine wahre Andacht, die mich wie ein Seelenbad erfrischte." Und im Brief 209 vom 4. August desselben Jahres an Rapp heißt es auf S. 217 f.: „Eben, ehe ich zu schreiben anfing, kam ich aus der Glyptothek zurück — zum dritten= oder viertenmal; denn hier habe ich meinen eigentlichen Aufenthalt genommen und weiß bereits so ziemlich alles ohne Katalog. Gleich im zweiten Saal (nach den Ägyptiern und vor den Aegineten) fand ich meine Schönheitslinie in einem aus Thon gebrannten Basrelief eines Junokopfs; der Anblick durchschauerte mich mit Andacht, und ich gebrauche ihn jedesmal beim Eintritt wie einen Weihkessel. Er ist die Grenzlinie zwischen dem Schönen und Erhabenen, oder wenn Du willst Schrecklichen, der strengste altgriechische Styl, wo ich mit meinem Schönheitssinn wurzle und ewig wurzeln werde. Die Aegi= neten hierauf sind mir zuwider und ich gehe gewöhnlich schnell hindurch, um an den Maskengesichtern vorbei zu kommen. Der schlafende Faun im nächsten Saal mit der bis zur Täuschung gehenden Naturwahrheit seines Kopfes ist gewiß um so merkwürdiger, als man so etwas bei den Alten kaum sucht; auch die Ino mit dem Bacchuskinde, der sterbende Niobide und der Tronk des Knieenden sind Arbeiten im edelsten Styl; am liebsten aber ruhe ich auf einem Sessel unter dem Bogenfenster des Ecksaals zwischen zwei Venusstatuen aus, einer in der Art der Mediceischen und einem Nachbild der Knidischen. Hat einem zuerst die erstere, schlanke, gefällige wohlgefallen, so hält einen darauf die andere übermächtig fest, welche mit dem Reize die Hoheit vereinigt. Was **Aristoteles von Reinigung der Leidenschaften durch** die Tragödie spricht — hier ist es in Bezug auf das Wohlgefallen an weib= lichen Formen durch die Plastik im höchsten Sinne geleistet.*) Von hier an werden dann die Bildnisse Hauptsache. Voran die nackte Statue Alexanders mit dem herrlichen Kopf und den im Verhältnis zu dem unteren Teile des Körpers unverhältnismäßig starken Schultern; die überaus edle Büste des Perikles; Demosthenes mit dem Zeichen des Stotterers, Hannibal als Hannikel; im großen Römersaal ein wahrhaft erhabener Cicero; vor allem aber mehrfach wiederholt **Augustus** — ein Kopf von unwiderstehlicher Feinheit und Liebenswürdigkeit. Wenn man wissen will, warum **Louis Philipp** bei so vielfacher Ähnlichkeit in Zwecken und Verfahren doch so ganz anders endete, darf man nur

---

*) Vergl. das Epigramm „Venus von Knidos" Seite 24 dieser Aufsätze.

die zwei Köpfe vergleichen. An einen Kopf wie dieser Augustus mußte selbst ein Beranger, ein Uhland Horazische Huldigungsoden dichten." — — „Tiberius, ein ebenso schöner als bedeutender Kopf; neben dem unheimlich kropfigen Nero ein rührend gütiger Titus, und erheiternd wie immer der von Leckerbissen triefende Mund des Vitellius."

10.

Wie sehr Strauß bestrebt war, in seinem Urteil niemandem unrecht zu thun, und wie sehr es ihn freute, wenn er ein früheres ungünstiges Urteil berichtigen konnte (gewiß ein entschieden positiver Zug bei ihm!), dafür liefert einen sprechenden Beweis sein Brief aus München vom 16. Juli 1858 an Rapp, Nr. 375, S. 394, der hauptsächlich über Kaulbach handelt. „Am meisten freut mich, daß ich Kaulbach besser verstehen und schätzen gelernt habe. Pfeufer führte mich auf sein Atelier, das ich dann, auf Kaulbachs Einladung noch einmal, während er eben malte, besucht habe. Bisher hatte ich von ihm eigentlich nur die Zerstörung Jerusalems gesehen, die mich durch Stoff und Ausführung nur abstieß. Jetzt sah ich, unter einer Menge anderer, großenteils höchst anziehender Entwürfe, einen Karton und zwei Farbenskizzen nebst dem Anfang der Untermalung eines kolossalen Bildes: der Schlacht bei Salamis. Das wird, wenn es ausgeführt wird, wie es entworfen ist, ein ausgezeichnetes Bild werden. Groß gedacht, trefflich gruppiert und im einzelnen voll Leben und Schönheit. Im linken Hintergrunde u. s. w. [es folgt eine Beschreibung des Bildes]. Es ist mir ein wahrer Stein vom Herzen, daß ich einen Künstler, dessen Bedeutung ich nicht verkennen konnte, nun auch aufrichtig anerkennen und bewundern kann. Ihm menschlich näher zu kommen, bedürfte es längerer Zeit, da er sich in eine etwas mephistophelische Artigkeit hüllt."

Weiter heißt es in diesem Brief: „Glückselig muß ich aber immer wieder vor allen hiesigen Malern Rottmann preisen, zumal er auch, dem Solonischen Wort gemäß, schon gestorben ist. Während um die erste Stelle in dem höchsten Zweige der Malerei (der historischen) sich Cornelius und Kaulbach streiten, doch so, daß selbst ohne den Rivalen der andere immer nicht entschieden als ein erster und vollendeter gelten könnte, ist in dem untergeordneten Zweige der Landschaftsmalerei Rottmann ohne Frage ein Herrscher ersten Ranges. Seine Arkadenfresken sind dem größten Teile nach Werke von monumentalem Wert, nur leider in einem barbarischen Klima aufgestellt; wie sie denn von beiden (dem Klima und den Barbaren) schon gelitten haben. Insofern ist es gut, daß die griechischen Landschaften in der neuen Pinakothek in Sicherheit gebracht sind. Will man aber den Gesamtwert beider Serien gegeneinander abwägen, so glaube ich, daß sich die

Wage auf der Seite der Arkadenbilder neigen wird. Es freut mich
auch, daß ich den trefflichen, anspruchslosen Mann noch gekannt habe
und durch ihn in die Pinakothek eingeführt worden bin. Es ist etwas
gar so schönes, in dieser Weise tot zu sein."

11.

Diese Stelle hatte ich beim ersten Abdruck des Aufsatzes in
den „Preußischen Jahrbüchern" auf besonderen Wunsch des Herausgebers derselben, des Herrn Prof. Delbrück, gestrichen, weil dieser in
zarter Rücksichtnahme alles vermeiden wollte, was Treitschke, der
damals schwer erkrankt war, etwa hätte verletzen können. Obgleich
das, was ich über Treitschke sagte, rein sachlich gehalten und von
jeder persönlichen Spitze frei war, zögerte ich doch keinen Augenblick,
dem Wunsche zu willfahren, und ersetzte die Lücke durch ein Ein-
schiebsel allgemeineren Inhalts. Jetzt, bei dem Wiederabdruck des
Aufsatzes, habe ich keinen Grund, die, wie gesagt, rein sachlich
gehaltene Stelle, die gewissermaßen als Folie für den Ausspruch
Rümelins dient, zu unterdrücken. Bei der größten Hochachtung
des auch von mir hochverehrten, wenn auch nicht (ebensowenig,
wie von Strauß,) überschätzten Treitschke muß doch jedermann
zugeben, daß seine Urteile in vielen Fällen allzu scharf und einseitig
sind und dadurch, selbst wenn das Gesagte im einzelnen noch so richtig
sein mag, ein falsches Bild von dem seiner Kritik Unterworfenen geben,
ein Bild ohne alle Lichtpunkte, was eben kein Bild ist, denn kein
Bild kann aus lauter Schatten bestehen. Gerade hier bei der Beurteilung von Gervinus bildet Rümelins Ausspruch eine wohlthuende Ergänzung.

12.

Im Anschluß an Gervinus sei uns noch ein Wort über
dessen Freund und politischen Gesinnungsgenossen Ludwig Häusser
gestattet. Straußens Urteil lautete dahin, daß Häusser alles das
leiste, was man von einem Pfälzer erwarten dürfe. Damit war
gemeint, daß Häusser doch nur eine Größe zweiten Ranges sei, obgleich
Strauß dies, soweit ich mich erinnere, niemals direkt aussprach. Und
bei aller Anerkennung und selbst Verehrung, die man für Häusser
haben mag (und der Schreiber dieses besitzt diese im höchsten Maße),
wird man zugestehen müssen, daß auch hier Straußens Urteil zutreffend war,
d. h. soweit die wissenschaftlichen Leistungen Häussers in Betracht
kamen. Denn seine Bethätigung an der praktischen Politik kann gar
nicht hoch genug veranschlagt werden. Häusser war es, der dem Großherzog von Baden in den Jahren 1859—1860 die Augen über das
Konkorbat öffnete (siehe Straußens Brief vom 3. Februar 1860 an
Zeller, Nr. 395 auf Seite 408: „Häusser insbesondere entwickelt all

seine Rührigkeit und Geschicklichkeit; der Großherzog soll schon so viel
wie herum sein", womit zu vergleichen der Brief an Gervinus vom
8. Dezember 1859, Nr. 393, S. 406: „Hier [in Heidelberg] ist
noch alles erregt von der protestantischen Konferenz in Durlach, wo
besonders Häusser als Redner sich selbst übertroffen haben soll"); und
Häussers Auftreten auf dem Frankfurter Abgeordnetentag vom
21. August 1863 als Berichterstatter über die „österreichische Reform-
akte" war eine That zu nennen: schon der eine Ausspruch „nicht die
Reichsverfassung ist die Hauptsache, Deutschland ist die Hauptsache"
(mir unvergeßlich!) zerstreute mit einem Wort die Nebel, die sich
über viele von uns gelagert hatten, welche mit Heinrich Simon („Don
Quixote der Legitimität oder Deutschlands Befreier?" Zürich, 1859)
immer noch in echt deutschem Formalismus und Doktrinarismus die
Reichsverfassung von 1849 als oberstes Panier hoch hielten.

13.

Dies ist buchstäblich wahr. Außer dem vielen bereits Angeführten verdient sicherlich noch eine Stelle über Uhland zu weiterer
Kenntnis gebracht zu werden. Im Brief 223 vom 29. Januar 1849
an Märklin (S. 235) schreibt Strauß: „Aber Uhlands Rede in der
Kaiserfrage! Es bestätigt sich wörtlich, was ich vor 10 Jahren in
meinem Aufsatz über Kerner von ihm sagte, und was mir seitdem oft
zu absprechend erscheinen wollte."

Der Aufsatz über Kerner war seinerzeit der erste der „Friedlichen
Blätter" vom Jahre 1839 und ist jetzt im ersten Band der „Gesammelten Schriften" enthalten. Die hier in Betracht kommende Stelle
(Friedliche Blätter, S. 33, Ges. Schr. I, 137 f.) lautet: „So wie
andrerseits [im Gegensatz zu „Kerners Muse, die ihren eigentümlichsten
Charakter da zeigt, wo sie das gegebene Menschliche verflüchtigt und
im Dufte der Sehnsucht in das Jenseits aufsteigen läßt"] Uhlands
Behagen im Diesseitigen, da es nur ein Behagen an den einfachsten
sittlichen Elementarzuständen, wie Familie, altdeutscher Staat als Zu-
sammentritt freier Männer, ferner Liebe in ihren naivsten Formen,
ist, in ein Unbehagen an allem demjenigen umschlagen mußte, was in
Staat, Sitte und Literatur jetzt über jene Anfangsgründe hinausgeht."

Interessant ist es, daß das Enge, welches Uhland anhaftet,
gerade von einem Schwaben wahrgenommen wurde!

14.

Strauß schreibt: „Aber Justi — diese Villen, worin er
uns herumführt, diese römischen Prälatenwirtschaften, diese neapoli-
tanischen Neidbüffeleien. Und dazwischen unseren Winkelmann, sich
hindurcharbeitend, nicht immer fein, nicht ohne bald die Ellenbogen zu

brauchen, bald sich zu bücken, aber in Bezug auf seinen letzten Zweck immer verständig und ohne Tadel, unermüdlich und schließlich auch liebenswürdig. Man ist ihm hierin nicht immer gerecht geworden, nament= lich auch Lessing nicht. Weit mehr Goethe. Seinen Übertritt hat ihm wohl Lessing nicht zum Vorwurf gemacht, aber sein Anschmiegen an die Kardinäle. Lessing hatte in seinem Wesen, wie Uhland, diesen Bürgertrotz gegen die Großen; etwas ganz Schönes an sich, und ihn, Lessing, verhinderte er am Ende auch an nichts; aber Winkelmann hätte mit solchem Trotz seine Bestimmung nicht erfüllen können. Selbst nach seinem Tode thut Lessing Winkelmann noch un= recht. Obwohl er sagt, das sei ein Schriftsteller, dessen Jahren er gerne von den seinigen zugesetzt hätte, so setzt er doch hinzu, das komme heraus, wenn man Kaisern und Kaiserinnen aufwarte und Schätze sammle. Schätze sammeln — daß sich Winkelmann von Maria Theresia ein paar goldene Schaumünzen schenken ließ! Wie viel richtiger und gutherziger unser Schubart, wenn er sich bei dieser Ge= legenheit so äußert: „„Einem verloffenen Bedienten seine Pretiosen zeigen, welche Distraktion! Die kann nur einem Genie passieren, ein gewöhnlicher Mensch ist so unvorsichtig nicht.““ So haben auch die Sterne dann und wann den Schnuppen."

15.

„Du schreibst, bei Hermann Grimm über Dürer gelesen zu haben, er sei kein Künstler gewesen, aber ein großer Mensch. Ich hoffe, dies ist Grimms Wortlaut nicht, denn er hat ja doch Augen und hat sich viel mit Kunst abgegeben. Dürer kein Künstler! Er, der das erste und Haupterfordernis des Künstlers, nämlich die Phantasie, in einem Überfluß besitzt, der dem Mangel ganzer Generationen von Künstlern abhelfen könnte. Was ihm fehlt, ist der Sinn für schöne Form; aber wem fehlt denn der nicht unter den deutschen Malern bis auf ihn? Er ist eben ein deutscher, ein nordischer Künstler. Aber dafür auch der deutsche Maler κατ᾽ ἐξοχήν [von Zeller sehr gut mit „im höchsten Sinn" verdeutscht], in dem sich alle Vorzüge und Mängel dieser Nationalitäts= und Geistesart konzentrieren. Dürer kein Künstler! Das soll einer sagen können, der seine zwei Passionen, sein Leben Mariä und besonders seine Apokalypse auch nur durchblättert hat! Wo von allen Seiten Bäche und Ströme der überreichsten, unerschöpf= lichen Phantasie über uns herstürzen! Und in den Schranken, — wenn nicht der Schönheit, doch der Kunst gehalten durch die solideste Kenntnis der Gestalten, die fertigste, gründlichste, gewissenhafteste Technik, das tiefste menschliche Gefühl. Aber in diesen Sachen, an Holzschnitten und Radierungen, hat man den eigentlichen Dürer zu suchen. Auch in der Oelmalerei leistet er herrliches und was er, nachdem sich auch seine Begriffe über einfache Naturschönheit berichtigt, noch hätte leisten können, zeigen seine Evangelisten. — Aber gleich groß war er allerdings als Mensch und gerade da fand er das einfache, schöne Maß leichter, als auf dem Gebiete der Kunst. Das ist es nun, was dem heutigen Fratzengeschlecht nicht einwill. Was sie als Künstler bewundern, diese R. Wagners, diese Makarts, sind als Menschen solche sybaritische Lumpen oder blasphemische Selbstbewunderer, daß man sich mit Ekel abwenden muß. Welche Beschämung, wenn es möglich sein sollte, zugleich ein Mensch wie Dürer und ein Künstler zu sein, wie er es demnach nicht gewesen sein darf!" (Nebenbei bemerkt, diesen Brief hätten wir schon früher bei Anführung von Straußens Urteilen über Malerei mitteilen können.)

16.

Hiernach ist also die Darstellung der Differenzen zwischen Strauß und Vischer infolge des „Alten und neuen Glaubens", wie sie vor dem Erscheinen der Briefsammlung gang und gäbe war, einigermaßen zu berichtigen. Bisher glaubte man, Vischer habe sich endlich entschlossen, den totkranken Freund noch einmal zu besuchen, weil er von diesem auf die Zusendung seines Manuskriptes gar keine Antwort erhalten hätte (vgl. Friedrich Theodor Vischer. Ein Charakterbild. Allen Freunden gewidmet von Julius Ernst v. Günthert. Stuttgart, Bonz, 1889. Von und aus Schwaben. Geschichte, Biographie, Literatur. Von Wilhelm Lang. Sechstes Heft. Stuttgart, W. Kohlhammer, 1890), während Strauß, wie wir jetzt aus seinen Briefen erfahren, nur um Ausstand gebeten und dieses Vischer durch Rapp hatte sagen lassen. In Vischers Charakter lag es aber, seine Freunde zu drängen (so drängte er zu wiederholtenmalen Strauß zu weiterem Eingehen auf ihre politischen Differenzen, die dieser einfach auf sich wollte beruhen lassen: vgl. Straußens Briefe 226, 255, 528, S. 238, 271 und 518), und das Warten dauerte ihm zu lange; dazu kam, daß ihm andere zuredeten, Strauß in seiner Krankheit zu besuchen, und so kam es zu der unerquicklichen Szene, über die uns Günthert und W. Lang ausführlich berichten, und die Vischer so ergriff, daß er noch zehn Jahre nach Straußens Tod in der Einleitung zu seiner Gedächtnisrede bei der Enthüllung der Gedenktafel an Straußens Geburtshaus von dem „Schatten" sprach, der sich zwischen ihn und seinen Entschluß zu stellen und ihn als Sprecher nicht willkommen zu heißen scheine, worauf er dann die trefflichen, kernigen Worte folgen ließ: „Nie hat mir jener Schatten das Licht getrübt, worin die lebendige Gestalt des Toten leuchtet und leuchten wird."

Daß die Ausstellungen, die Vischer an Straußens letzter Schrift zu machen hatte, nicht so bedeutend waren, wie man gewöhnlich annimmt, dafür wollen wir als Beweis Vischers eigene Worte anführen. Er sagt am Schlusse seines Aufsatzes (s. Kritische Gänge, neue Folge, sechstes Heft. Stuttgart, Verlag der J. G. Cotta'schen Buchhandlung, 1873) S. 227: „Meine Blätter [das an Strauß gesandte Manuskript] meinten ihm natürlich nichts zu sagen, was im Verlauf der öffentlichen Debatte nicht ihm selbst auf ähnliche Weise zum Bewußtsein gekommen sei, und übrigens enthalten sie zu dem ganzen polemischen, am heftigsten angegriffenen Teil seiner Schrift eine Zustimmung, die so ungeteilt ist, als aus meiner jetzigen Erklärung jeder leicht erschließen kann." Strauß war nach Vischers Ansicht im kritischen Teil seines Buchs in gewissem Sinne sogar nicht weit genug gegangen (S. 206); aber auch im affirmativen Teil stimmt ihm Vischer in wesentlichen Punkten durchaus bei. Den vielbemäkelten Ausspruch von der Wohnungsnot des außerweltlichen persönlichen Gottes nennt er einen höchst treffenden (S. 218), und mit der größten Entschiedenheit erklärt er sich, wie er stets gethan, g e g e n d e n D u a l i s m u s und t r i t t f ü r d e n M o n i s m u s ein, „d e m U n i v e r s u m k a n n a b s o l u t n i c h t s v o n a u ß e n k o m m e n" (S. 217, vgl. „Alter und neuer Glaube", Stück 45, S. 150). „Unser Gott ist ein immanenter Gott; seine Wohnung ist überall und nirgends; sein Leib ist nur die ganze Welt, seine wahre Gegenwart der Menschengeist", ist die bekannte Stelle aus den Kritischen Gängen (Band 1 von 1844, in dem Aufsatz über das Bild von Overbeck „Der Triumph der Religion in den Künsten"; S. 192), die Vischer auch unter sein Portrait geschrieben hat.

Was Vischer über die Lücken und Widersprüche in dem affirmativen Teil des „Alten und neuen Glaubens" sagt, enthält viel Bemerkenswertes, ist aber allzu kurz gehalten und gleich Straußens Schrift nur ein Versuch zu nennen.

17.

Poetisches Gedenkbuch (Familienausgabe S. 197; Gesammelte Schr. XII, 179):

> Wer, wenn mir längst kein Tag mehr scheint,
> Erkunden will, wie ich gewesen,
> Wie ich gelacht, wie ich geweint,
> Der darf nur dieses Büchlein lesen.

Wie unangenehm es Strauß war, daß man stets nur die negative, kritische Seite bei ihm anerkennen wollte, und wie sehr es ihn verdrießen konnte, wenn man ihn als den „Verfasser des Lebens Jesu" anredete, ist aus seiner Bemerkung in den „Literarischen Denkwürdigkeiten", S. 24, ersichtlich: „Wer mich als den Verfasser des Lebens Jesu begrüßte, fand sicher einen frostigen Empfang".

Hiermit zu vergleichen ist sein Gedicht aus dem Jahr 1849:
Mißgeschick (Poet. Gedenkbuch, Familienausgabe S. 78, Ges. Schr. XII, 88).

Nach jenem vielberuf'nen Buche
Benennt seit Jahren mich die Welt,
Das mich, ein grelles Licht, dem Fluche
Der Dunkelmänner bloß gestellt.

Ja wohl! das Buch hab' ich geschrieben,
Und darf mich meiner Arbeit freu'n;
Daß er den scharfen Dorn getrieben,
Wird nie den Rosenstrauch gereu'n.

Zwar Rosen ließ er wenig sprießen,
Und keine kam gesund und voll;
Doch will's den guten Busch verdrießen,
Daß er nun Dornbusch heißen soll.

18.

Der Schluß dieses Briefes lautet: „Wo ich besonders Deine Handreichung erwarte, ist im 4. Abschnitte. Der moralische Passus gleich anfangs ist mir am schwersten im ganzen Buch geworden, ich habe ihn dreimal geschrieben, und doch ist er noch nicht wie er sollte. Hier müßten noch ein paar tüchtige Balken eingezogen werden, und wenn Du mir dazu ein paar Eichen= oder auch nur Tannenstämme vors Haus führen möchtest, würdest Du meinen großen Dank verdienen. Die Arbeit ist mir noch zu nah, als daß ich selbst schon Rat dafür wüßte."